UN218561

幼児期の運動遊びと子どもの育ち

山神眞一／片岡元子　編著

はじめに

幼児期の運動遊びが子どもを育てる

　幼児期の子どもたちは、日々の生活の中で"遊び"を通して、様々な体験をします。その体験を通して運動能力面だけでなく、自我や社会性など人格の基礎を育んでいきます。まさに、子どもは、"遊び"によって育っていくのです。そして、戸外での運動遊びでは、思い切りからだを動かし、遊びながら運動することが、心とからだの健全な発育・発達を促します。

　しかしながら、近年、日本社会は省力化や利便性を追求するなど、人工知能（AI）の社会が進み、子どもの遊びは、室内でのゲームやスマホに依存したものに変化しています。子どもを取り巻く環境は、生活が便利になる一方で日常的にからだを動かすことが減少し、体力低下が大きな社会問題にもなってきているのです。見方を変えれば、子どもの心やからだにとって大切な運動刺激が減少しているとも言えるでしょう。特に幼児期の子どもの心身の健やかな成長と豊かな人格形成には、「動いて感じる実体験」、換言すれば十分なる「運動遊び体験」が必要不可欠だと思います。

　本書では、"幼児期の運動遊びが子どもを育てる"をコンセプトに幼児教育、幼児体力を専門とする研究者や運動指導者の立場から幼児期の運動遊びと子どもの育ちに焦点をあてて、現場で参考になる理論と実践をまとめてみました。幼児教育の関係者はもちろんのこと、幼児を育てるご家族の皆さんにもぜひ読んで頂ければ幸いです。

2019年1月吉日

編著者

山　神　眞　一

目　　次

第Ⅰ部　幼児期の運動発達を探る

■ 第1章　幼児期の心とからだのおかしさ　■

　我が国は、戦後1960年代から高度経済成長を遂げることになり、ひたすら「便利・快適」な生活を求めてきた。そのような生活の発展の裏側で "子どものからだ" のネガティブな変化が表れてきた。そして、1970年代になると幼児のむし歯、背中ぐにゃ、朝からあくび、すぐ疲れたと言うなどのおかしさの実感が浮き彫りになり、小中学生では朝礼でバタン、背中ぐにゃ、朝からあくび、首や肩のこり、そしてアレルギーの子どもが増え始めている。

　このような子どもの "からだのおかしさ" への取り組みは、1961年「教育科学研究会・身体と教育部会」の発足に端を発し、1971年に「全国養護教諭サークル協議会」の発足後、1979年に「子どものからだと心・連絡会議」が設立され、1984年からデータベース化がなされ、1991年からは、「子どものからだと心白書」が「子どものからだと心・連絡会議」によって2017年度版まで基本的に毎年発刊されている。

　本章では、「からだと心白書」2017年度版を中心に、"子どもの心とからだのおかしさ" について、特に、幼児期を焦点化して探っていきたい。

1　子どものからだの調査2015（"実感" 調査）について　～特に保育所と幼稚園に着目して～

　まず、2017年度版には、子どものからだの調査2015（"実感" 調査）が報告されている。その中の保育所と幼稚園について、「最近増えている」という "からだのおかしさ" の "実感" ワースト5を見てみよう。

▼保育所

年	第1位	第2位	第3位	第4位	第5位
1979	むし歯 (24.2%)	背中ぐにゃ (11.3%)	すぐ疲れたと言う (10.5%)	朝からあくび (8.1%)	指吸い (7.2%)
1990	アレルギー (79.9%)	皮膚カサカサ (76.4%)	背中ぐにゃ (67.7%)	すぐ疲れたと言う (63.3%)	咀嚼力弱い (59.4%)
1995	アレルギー (87.5%)	皮膚カサカサ (81.3%)	すぐ疲れたと言う (76.6%)	咀嚼力弱い (71.9%)	背中ぐにゃ (70.3%)
2000	すぐ疲れたと言う (76.6%)	アレルギー (76.0%)	皮膚カサカサ (73.4%)	背中ぐにゃ (72.7%)	咀嚼力弱い (64.3%)
2005	皮膚カサカサ (77.6%)	アレルギー (74.6%)	背中ぐにゃ (72.1%)	すぐ疲れたと言う (68.7%)	じっとしてない (68.2%)
2010	皮膚カサカサ (65.6%)	すぐ疲れたと言う (63.3%)	同率3位：じっとしてない/背中ぐにゃ/アレルギー (60.0%)		
2015	アレルギー (75.4%)	背中ぐにゃ (72.4%)	皮膚カサカサ (71.9%)	じっとしてない (70.9%)	すぐ疲れたと言う (67.3%)

　保育所の調査は、1979年（昭和54年）に最初に行われているが、この年は、ウオークマン、ワープロ、パソコンが普及し始めた頃であり、インベーダーゲームが大流行し、インスタント食品や菓子類の新製品が爆発的に売れ出した年でもあり、子どもの室内での遊びやゲームが流行り、レトルト食品が食卓に並び多様な種類のお菓子が増えた時代であり、子どもの外遊びが減少し始めた時代でもあった。その結果、むし歯の幼児が目立つようになり、姿勢も猫背のように悪くなったり、我慢ができずすぐ疲れたと言ってやる気のない子どもや夜更かしのため朝からあくびをする子、そして、幼児になっても指を吸うことがやまらない子どもが多くみられるようになった。ただ、そのように感じる保育士や大人の実感の度合いは25％未満であり、子どもを取り巻く周囲の大人の実感はさほど大きいものではなかった。ところが、1990年からの保育所の子どもたちのからだは、「アレルギー」の子どもの多さを感じる割合が80％程度まで上がって、ワースト1位となり、以下「皮膚がカサカサ

（76.4％）」、「背中ぐにゃ（67.7％）」、「すぐ疲れたと言う（63.3％）」、「咀嚼力が弱い（59.4％）」など、子どものからだのおかしさの変化に対する実感は、驚くほど大きな値になった。ここ10年間でのワースト3に入るのは、「アレルギー」、「皮膚がカサカサ」、「背中ぐにゃ」、「すぐ疲れたと言う」、のからだのおかしさが挙げられているが、「アレルギー」と「皮膚がカサカサ」は、免疫機能に関する問題であり、「背中ぐにゃ」と「すぐ疲れたと言う」は、前頭葉や自律神経機能の問題に起因すると考えられ、前者がからだの防衛体力、そして後者が心の防衛体力の未発達であることが推察できる。また、保育中じっとしていない子どもについては、集中力の欠如と睡眠問題が絡んでいるように考えられる。

▼幼稚園

年	第1位	第2位	第3位	第4位	第5位
1990	アレルギー（72.3％）	皮膚カサカサ（68.0％）	すぐ疲れたと言う（57.8％）	ぜんそく（54.9％）	背中ぐにゃ（53.4％）
1995	アレルギー（74.8％）	すぐ疲れたと言う（73.9％）	皮膚カサカサ（68.7％）	背中ぐにゃ（56.5％）	ぜんそく（53.0％）
2000	アレルギー（82.7％）	すぐ疲れたと言う（76.5％）	皮膚カサカサ（69.1％）	ぜんそく（67.3％）	背中ぐにゃ（66.0％）
2005	アレルギー（77.1％）	すぐ疲れたと言う（72.9％）	皮膚カサカサ（66.0％）	背中ぐにゃ（64.9％）	床に寝る（60.1％）
2010	アレルギー（72.4％）	すぐ疲れたと言う（65.7％）	背中ぐにゃ（63.8％）	ぜんそく（62.9％）	自閉傾向（61.9％）
2015	アレルギー（75.0％）	背中ぐにゃ（73.1％）	すぐ疲れたと言う（71.2％）	同率4位：おむつ取れず／自閉傾向（69.2％）	

　幼稚園は、対象年齢が3～5歳なので、0～5歳までの保育所とは少し傾向が違っている部分があるが、その特徴を分析してみる。

　まず、調査した年は、1990年以降であり、2015年まで一貫して「アレルギー」がワースト1位である。アレルギーのからだのおかしさを実感

した割合は、どの年も72％以上であり、保育所と同傾向にあり、最大は2000年の82.7％であった。すなわち、どの調査時も8割近い先生や大人が幼稚園児の子どものからだに関してアレルギーが最も問題であると実感していることがわかる。ワースト2位と3位は、1990年から2005年まで「すぐ疲れたと言う」と「皮膚カサカサ」が多かったが、近年の2010年と2015は、「皮膚カサカサ」に代わり、「背中ぐにゃ」がワースト3位、2位と上がってきている。この「背中ぐにゃ」は、意欲・関心の低下、疲労・体調不良、抗重力筋の緊張不足、及び体幹筋力の低下等が要因としてあり、問題となるからだの機能として、前頭葉機能、自律神経機能、ホルモン機能、解剖学的機能（筋・関節・骨）が考えられ、それらの機能改善が求められる。「背中ぐにゃ」は、保育所でも述べたようにからだの問題だけでなく、心の問題も抱えており、幼児期における姿勢教育の重要性を我々は再認識をしなければならない。また、2005年のワースト5位入りした「床にすぐ寝転がる」の問題も実は、「背中ぐにゃ」と同様な機能低下の要因が関与しており、このような生活行動も「背中ぐにゃ」と同じく幼児期の子どもの心とからだのおかしさとして認識し、行動改善の手立てを求めていくべきと考える。

　さらに最新の2015年においてワースト3位にオムツがとれない/自閉傾向を実感している割合が69.2％と高く、通常2歳半〜3歳半でオムツがとれると言われるが、幼稚園の年長になってもオムツがとれない子どもが増えてきている。自閉傾向に関しては、通常は自閉性障害として、「3歳以前に発症し、対人的な相互作用（視線を合わす）や意思伝達（言語や物まね）に遅れや異常がみられ、反復的・常同的・儀式的な行動がみられる状態」と定義されており、これらの行動特性がそれほど強くない場合を自閉傾向と呼ぶことが多いようだが、いずれにしても幼児期から発達障害の可能性がある子どもが増えてきていることを示すデータとして、注視しなければならない。尚、この自閉傾向については、2010年

にもワースト5位に上がってきている。

2　子どものからだの調査2015（"実感"調査）の保育所と幼稚園の結果から見えてきたもの

　"子どものからだと心白書"の編集長で日本体育大学の野井真吾氏は、子どものからだの調査2015（"実感"調査）のまとめの中で『中略、今回の調査でも「アレルギー」と「すぐ"疲れた"と言う」がすべての学校段階の"最近増えている"という実感・ワースト5にランクされています。このような結果は、四半世紀前に行われた1990（平成2）年調査以降、一貫して示され続けている結果であり、"根強い実感"と言えるでしょう。また、前回2010（平成22）年調査で"新たな実感"と紹介された「うつ」関連項目（「夜、眠れない」「腹痛・頭痛を訴える」「首・肩のこり」「うつ傾向」「腰痛」等）も依然として上位にランクされています。これらについては、もはや"新たとは言えない実感"と言えるでしょう。さらに、いずれの学校段階において"最近増えている"という実感・ワースト10にランクされた項目から予想されたからだの機能の問題としては、前頭葉機能、自律神経機能、睡眠・覚醒機能に多くのチェックを確認することができます。このような結果は、「からだのおかしさ」の実体が"神経系"の問題に集約されつつあることを推測させます。後略』と述べている。

　野井氏の要約は、保育所、幼稚園、小学校、中学校、高等学校のすべての学校種についてのまとめであるが、「アレルギー」と「すぐ"疲れた"と言う」は、どの年代においてもワーストの上位にあり、子どものからだと心の最重要課題と言えよう。私は、「アレルギー」は、からだの防衛体力の問題であり、「すぐ"疲れた"と言う」は、心の防衛体力の問題であると考えている。近年、子どもの体力については、新体力テストの結果等から低下傾向が懸念されているが、この場合の体力が主と

して行動体力面の低下を意味している。子どものからだの調査2015から見えてきたものは、子どもの防衛体力の低下であるように思われる。そして、保育所や幼稚園の乳幼児からその傾向が出てきているという実態を私たちは直視しなければならない。さらに"神経系"の問題に集約されるとの野井氏の指摘は、実は発育発達の観点から考えるとまさに乳幼児期の脳の発達に大きく関与するものであり、由々しき問題である。

　子どものからだの調査は、保育所の結果が1979年から報告されているが、この頃から、日本の学校では「いじめ」、「校内暴力」、「登校拒否」、「切れる子ども」、「学級崩壊」など様々な問題が発生するようになった。大脳活動のタイプの変化の要因として、子どもの遊びが鬼ごっこやかくれんぼなど外での動的なものから、テレビやゲームなどの室内の静的なものに変化してきたことと、テレビの視聴時間が増大したことなどが考えられるが、このような子どもの心とからだの発達に大きな影響を及ぼす生活環境の変化は、乳幼児期から脳神経系の発達と深い関係があることを再認識したいものである。

引用・参考文献

子どものからだと心連絡会議（2017）「子どものからだと心白書2017」　ブックハウス・エイチデイ

中村和彦（2004）「子どものからだが危ない！」日本標準

野井真吾（2007）「からだの"おかしさ"を科学する」かもがわ出版

村山士郎（1999）「子どもデータバンク　激変する日本の子ども」桐書房

■ 第2章　幼児期の心とからだの発達　　　　■

1　心とからだの一般的発達傾向

　一般的に幼児期は、離乳が終了する1歳前後から就学前までの5～6歳の時期を指す。からだのつくりや仕組みが成人に近い状態まで成長し、言葉や考える力なども発達し、食事・排泄・睡眠・清潔・衣服着脱など日常生活に必要な知識や技能、いわゆる基本的生活習慣やマナーやルールなどの社会的生活習慣及び対人関係能力の獲得を通して社会で生きる基礎を作る。

　運動発達でみると、歩行は個人差があるが、1歳3か月頃までに歩けるようになる。親指と人差し指の指先で物をつまむような細かな動作もできるようになる。2～3歳頃でジャンプやボール蹴り、3歳半～4歳半頃で片足とびができるようになる。4歳半以降では、片足で立てる時間が長くなり、少し複雑な動きもできるようになってくる。

　心の発達をみてみると、1歳半頃には10個ほどの単語が話せるようになり、その後なんでも「ひとりでやりたい」という個人的欲求が強くなる。2歳を過ぎると好奇心が広がり自己主張がさらに強くなってくる。2～4歳頃に第一次反抗期がみられるのが特徴であり、甘えと反抗を繰り返しながら自分の世界を広げ、自我が発達していく。うそを言い始めるのは3歳頃からで、わざと反対のことを言うことも出てくる。4歳になると単なる模倣から学習へ変化し、5歳になると自分中心の世界から他者との関係を理解し始め、思いやりの心が芽生え共感できるようになってくる。遊びでみてみると、3歳頃までは、ひとりで遊び道具を共有しない遊びが中心だが、4歳頃になると周囲に関心が向けられ道具の貸し借りをして一緒に遊ぶようになってくる。5～6歳頃では少人数のグループでルールに則った遊びをするようになり、集団内での役割分担もできるようになってくる。

2　心の発達をエリクソン理論から観る

　エリクソン（Erikson）は、人間は生物学的過程、精神的過程、社会的過程の3つの過程に依存していると想定し、人生を8つの発達段階に分けている。それぞれの発達段階において、人間が社会的環境の中で経験する最も一般的な発達課題を示した。エリクソンは、人間の発達段階をライフヒストリーとして捉えた発達理論を展開した。ここでは、心の発達に影響する幼少期の4段階の発達段階の特徴を示すことにする。

　第Ⅰ段階の乳児期の発達課題は、基本的信頼感である。両親や家族など身近な養育者から親身で愛情深い世話を受けることで、自分が周囲を信頼できるという感じを持つことである。周囲の人に対し、そばにいれば安心・安全だという感じを持ち、人を信じる希望的な活力を持つことである。この段階はあたりまえの段階であるが、近年は親の虐待にあったり、親から無視されるなどの不幸な例外的な人を見るといかに大切なものかがわかる。このような養育者の愛情不足による安心・安全を感じずに育った子どもは、友達や幼稚園・学校の先生を信頼することができず人づきあいがうまくいかないことがある。乳児期に周囲の大人から親身な世話を受け、生きていくことに希望を持ち、人を信頼できる基本姿勢ができるのである。

　第Ⅱ段階、幼児期前期は、自律性を身につけることが重要な発達課題である。言い換えればおむつが取れるなど排泄のトレーニングをする時期にあたり、自分の行動をコントロールする練習が始まる時期である。そして、排泄の訓練のみならず、生活全般にわたって自分のことを自分でするようになることが大切である。衣類の着脱や食事のマナーなど、家庭におけるしつけを通じて自立していく時期なのである。

　第Ⅲ段階、幼児期後期は、遊びの時期で、遊びを通して、自発性を発揮する心を養うことが発達課題である。親や家族から離れて自分を広げる世界を探求することができるようになることが大きな課題となる。自

我に目覚め、人との関わりを求めるひとりの人としての育ちの時期となり、その後の心の発達に重要な基礎となる人格の土台が育てられるのである。

　第Ⅳ段階、学童期の発達課題は、勤勉性である。小学校の学校生活に慣れ、日々の課題に取り組む姿勢を身につけることは、将来の勤勉な労働の態度を養う基礎となる。学童期になると読み書き等の学習が始まることになるが、6歳から学習を始めるというのは、学習への最適な準備が整った状態の時期という、学習レディネスという考え方にもとづいている。学童期の学習以前に大切なことは、コミュニケーションに必要な話し言葉を習得するということである。理論的な学習をする前に、リアルな実体験が必要であり、知的好奇心や美しいものに感動する心を刺激されるような体験を十分にさせたいものである。

　幼児期の遊びの時期は、学童期の前の準備期であり、生涯を心豊かに過ごすための大前提となるきわめて重要な時期である。幼児期の遊びを通して、子どもの心の表現がなされ、豊かな心の発達に必要な心の栄養が満たされてくるとても大切な時期なのである。

3　からだの発達をスキャモンの発育曲線から観る

　子どものからだが発育・発達していく中で、器官や機能は個々別々の発達をしていく。この発育・発達していく特性をスキャモンの発育曲線から説明していくことにする。

　このグラフは、成長発育を20歳でのレベルを100％として考え、それぞれのからだの組織の発育・発達していく特徴を4つのパターンに分類してグラフ化したものである（松尾保：新版小児保健医学、松尾保編、日本小児医事、出版社、東京、第5版、p10、1996より）。

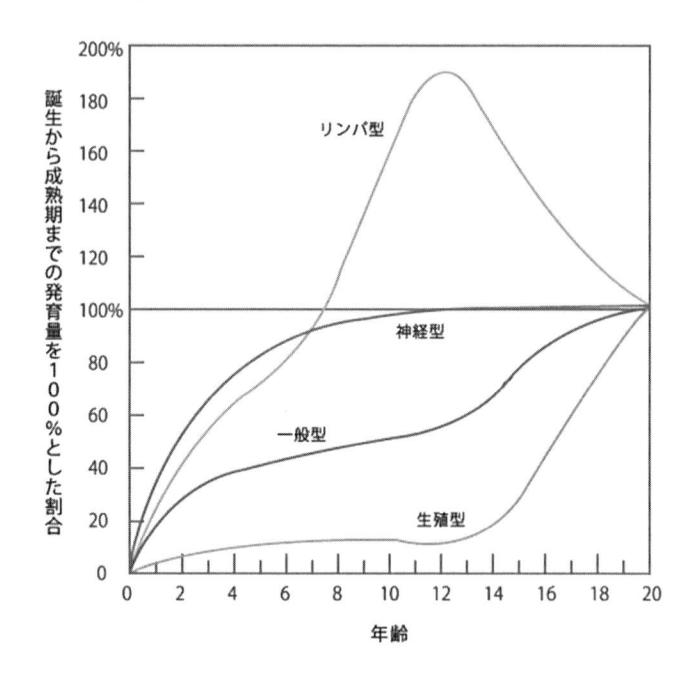

　まず、４つの発育パターンの特徴を観ていくことにする。

（１）神経型（脳、脊髄、視覚器、頭径）
　４つの型の中で最も成長の速いのは、神経系であり、脳、脊髄、眼球、頭の大きさなどが含まれる。リズム感や体を動かすことの器用さを担う役目があり、出産直後から急激に発達し、４、５歳で成人の約80%にも達し、８歳ですでにほとんど完成する。神経系の発育は、乳幼児期に最も成長することがわかる。筋・神経を活発に働かせる乳幼児期の遊びを通じたからだの活動が重要であることは言うまでもない。

（２）リンパ型（胸腫、リンパ節、同質性リンパ組織）
　リンパ系も非常に特徴ある成長パターンを示す。この型には、胸腺、

リンパ節、喉の扁桃、アデノイド、腸管リンパ組織などがあり、免疫力を向上させるリンパ組織の発達を示すものである。生後～12、13歳頃までにかけて急激に成長し、大人のレベルを超えるが、思春期すぎから大人のレベルに戻る特徴がある。リンパ系の成長は、からだの免疫力と密接な関係があり、からだの防衛力の基盤である。

（3）生殖型（睾丸、卵巣、副睾丸、子宮、前立腺など）

　生殖型は男児の陰茎・睾丸、女児の卵巣・子宮などの発育を示し、小学校前半までは僅かに成長にとどまっているが、14歳あたりから急激に発達する特徴を持つ。生殖器系の発達で男性ホルモンや女性ホルモン等の性ホルモンの分泌も多くなり、男女のからだつきができてくる。

（4）一般型（全身の計測値（頭径を除く）、呼吸器、消化器、腎、心大　　　動脈、脾、筋全体、骨全体、血液量）

　一般型は先に述べた3つの型以外のすべての器官が対象である。具体的には、全身、身長や体重など頭部を除く外的計測値、呼吸器、消化器、腎臓、大動脈並びに肺動静脈、脾臓、筋肉系、骨格系、血液量などがある。この型の特徴は幼児期までに急速に発達し、その後は次第に緩やかになり、二次性特徴が現れる思春期に再び急激に発達する。思春期以降に再び発育スパートが見られ大人のレベルに達するのである。この一般型の幼児期までの成長は、神経型と同様な発達傾向を示すことから、幼児期の運動遊びが神経型や一般型に大きな影響を与えるものであると言えよう。

引用・参考文献
青柳　領（2013）「子どもの発育発達と健康」ナカニシヤ出版
出村槇一（2011）「幼児のからだを測る・知る」杏林書院

武藤芳照（1985）「子どもの成長とスポーツのしかた」築地書館

杉原　隆/河邉貴子編著（2014）「幼児期における運動発達と運動遊びの指導〜遊びのなかで子どもは育つ〜」ミネルヴァ書房

山地啓司編著（2005）「子どものこころとからだを強くする」市村出版

■ 第3章　幼児期の体力、運動能力　　■

1　はじめに

　現代社会は、科学技術の飛躍的な発展などにより、生活が豊かで便利になった。また、都市化や少子化の進展により、社会環境や生活様式が大きく変化したことで、子どもが遊ぶ場（空間）や遊ぶ仲間、遊ぶ時間が減少したこともあり、子どもの体力の低下が問題となっている。このような中、運動習慣の基礎づくりを通して、幼児期に必要な多様な動きの獲得や体力・運動能力の基礎を培うとともに、様々な活動への意欲や社会性、創造性などを育むことを目指して、幼児期運動指針が平成24年3月に策定された。ここでは、その幼児期運動指針から幼児期の体力、運動能力について考える。

2　幼児期における運動の意義（幼児期運動指針[1]より）

　幼児は心身全体を働かせて様々な活動を行うので、心身の様々な側面の発達にとって必要な経験が相互に関連し合い積み重ねられていく。このため、幼児期において、遊びを中心とする身体活動を十分に行うことは、多様な動きを身に付けるだけでなく、心肺機能や骨形成にも寄与するなど、生涯にわたって健康を維持したり、何事にも積極的に取り組む意欲を育んだりするなど、豊かな人生を送るための基盤づくりとして、以下のような様々な効果が期待できる。

（1）体力・運動能力の向上

　体力は人間の活動の源であり、健康の維持のほか、意欲や気力といった精神面の充実にも大きくかかわっており、人が生きていくために重要なものである。特に幼児期は、神経機能の発達が著しく、タイミングよく動いたり、力の加減をコントロールしたりするなどの運動を調整する

能力が顕著に向上する時期である。この能力は、新しい動きを身に付けるときに重要な働きをする能力であるとともに、周りの状況の的確な判断や予測に基づいて行動する能力を含んでおり、けがや事故を防止することにもつながる。このため、幼児期に運動を調整する能力を高めておくことは、児童期以降の運動機能の基礎を形成するという重要な意味を持っている。

　また、日ごろから体を動かすことは、結果として活動し続ける力（持久力）を高めることにもつながる。

（2）健康的な体の育成

　幼児期に適切な運動をすると、丈夫でバランスのとれた体を育みやすくなる。特に運動習慣を身に付けると、身体の諸機能における発達が促されることにより、生涯にわたる健康的で活動的な生活習慣の形成にも役立つ可能性が高く、肥満や痩身を防ぐ効果もあり、幼児期だけでなく、成人後も生活習慣病になる危険性は低くなると考えられる。また、体調不良を防ぎ、身体的にも精神的にも疲労感を残さない効果があると考えられる。

（3）意欲的な心の育成

　幼児にとって体を動かす遊びなど、思い切り伸び伸びと動くことは、健やかな心の育ちも促す効果がある。また、遊びから得られる成功体験によって育まれる意欲や有能感は、体を活発に動かす機会を増大させるとともに、何事にも意欲的に取り組む態度を養う。

（4）社会適応力の発達

　幼児期には、徐々に多くの友達と群れて遊ぶことができるようになっていく。その中でルールを守り、自己を抑制し、コミュニケーションを

取り合いながら、協調する社会性を養うことができる。

（5）認知的能力の発達

　運動を行うときは状況判断から運動の実行まで、脳の多くの領域を使用する。すばやい方向転換などの敏捷な身のこなしや状況判断・予測などの思考判断を要する全身運動は、脳の運動制御機能や知的機能の発達促進に有効であると考えられる。

　幼児が自分たちの遊びに合わせてルールを変化させたり、新しい遊び方を創り出したりするなど、遊びを質的に変化させていこうとすることは、豊かな創造力も育むことにもつながる。

3　子どもの体力や身体活動の現状

　幼児期運動指針では先に述べた通り、幼児期における運動には５つの効果が期待できるとされている。では、香川県の幼児期の子どもたちは、どれくらい体力がついているのだろうか。ここでは、小学校入学後の５月ごろに小学校で行われる体力・運動能力の経年変化から香川県の子どもの体力の状況を捉えたい。

（1）香川県の小学校１年生の体力・運動能力の変化

　以下のグラフは、「握力」「立ち幅跳び」「50ｍ走」「ソフトボール投げ」の平均記録の平成20年から平成29年までの10年間の推移である。また、比較する記録として、体力が高かったと言われている昭和60年の記録（「握力」は除く）と、種目が見直され、現在行われている体力・運動能力調査の種目の初回調査である平成11年の記録を記載している。

①握力の推移

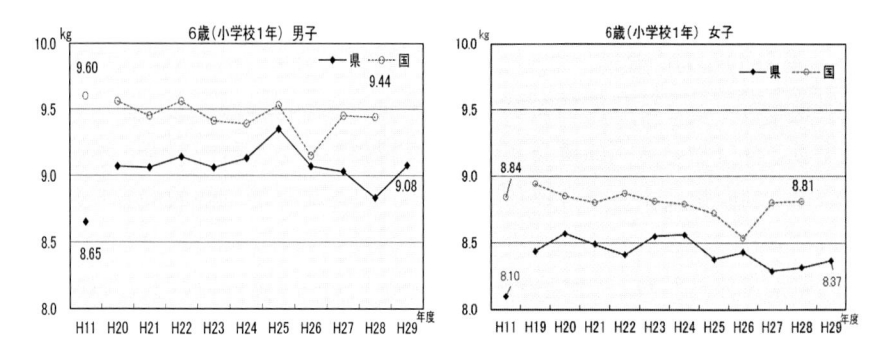

　平成11年の香川県の平均よりも平成29年は高くなっているが、全国平均より下回っている。

②立ち幅跳びの推移

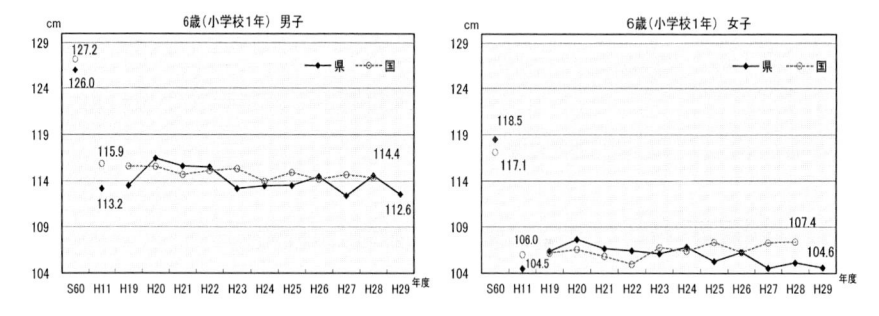

　昭和60年の香川県の記録よりも平成29年は大きく下回っている。また、10年間で記録が低下傾向にある。

③50m走の推移

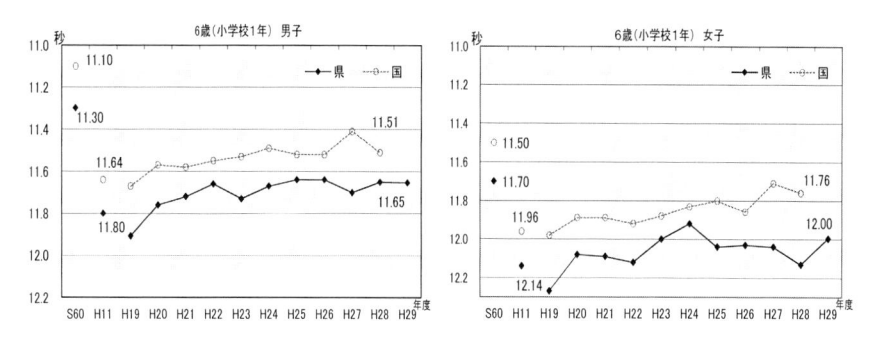

　昭和60年の香川県の記録よりも平成29年は大きく下回っている。また、10年間で記録が向上傾向にあるが、全国平均との差はあまり改善されていない。

④ソフトボール投げの推移

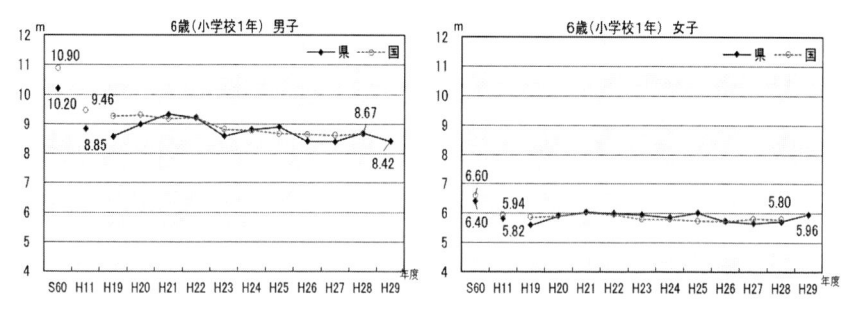

　昭和60年の香川県の記録よりも平成29年は下回っている。また、10年間で記録が低下傾向にある。

　「50m走の男女」以外は、10年間で記録が低下傾向にある。また、「立ち幅跳びの男子」「ソフトボール投げの男女」以外は、全国平均よりも明らかに低くなっている。さらには、体力が高かった昭和60年の記録と

比べるとすべての種目で記録を下回っている。これらの結果から、香川県の子どもたちの体力を向上させていくことが必要である。そのためには、幼児期から体力・運動能力を向上させていかなければならない。では、幼児期からどのような方法で、体力・運動能力を高めていけばよいのだろうか。

（2）1週間の総運動時間の分布

　平成28年度の体力・運動能力調査報告書[2]では次のように報告されている。

　合計点は、男女ともに小学校入学前の外遊びの実施状況にかかわらず、加齢に伴いほぼ同様に上昇する傾向にある。しかし、小学校入学前に「週に6日以上」または「週に4〜5日」外で体を動かす遊びをしていた群は、「週に2〜3日」以下の群より、いずれの年代においても高い値を示している。したがって、小学校入学前の外遊びの実施状況が、その後の運動・スポーツ習慣につながり、高い水準の体力を維持する要因の一つになっていると考えられる。

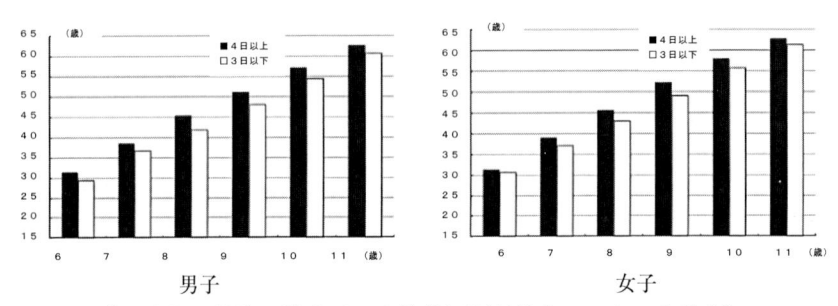

【小学校入学前の外遊びの実施状況別新体力テストの合計点】
(注)「4日以上」は、小学校入学前に外で体を動かす遊びを「週に6日以上」または「週に4〜5日」していた群を、「3日以下」は、「週に2〜3日」「週に1日以下」していた群を示す。

　この報告から、幼児期における良好な運動習慣の確立が体力の向上に向けて大切になる。

（3）平成29年度香川県の小学5年生の「体力合計点」と「小学校入学前の運動遊びが好き」との相関

　これは、平成29年度の全国体力・運動能力、運動習慣等調査結果をクロス集計したものである。男女ともに、小学校入学前に運動遊びが好きと答えた児童は、香川県の体力合計点の平均を上回っている。

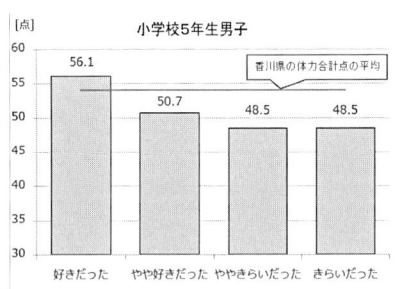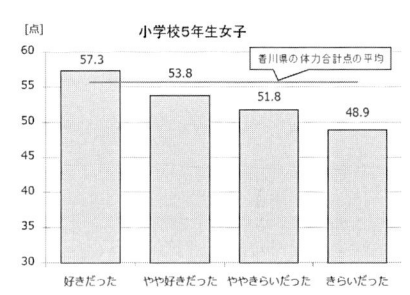

【平成29年度香川県の小学5年生の「体力合計点」と「小学校入学前の運動遊びが好き」とのクロス集計結果】

　この結果から、子どもが体を動かす機会を増やすだけでなく、楽しみながら体を動かせるように配慮する必要がある。

4　おわりに

　「体力は人間の活動の源である」と言われており、子どもたちの体力・運動能力を養っていくことは重要である。その中で、特に幼児期の体力、運動能力を高めることは、丈夫な体を育成することにつながるだけでなく、意欲的な心を育成したり、社会適応力や認知的能力の発達を促したりするなどの様々な効果が期待できる。また、幼児期の良好な運動習慣や運動に対する好意的な態度が、小学校以降の体力にも影響を与えることが分かっている。人が生きていくために重要な体力を向上させる

ためには、この後に紹介される様々な運動遊びを参考にして、子どもが楽しく体を動かす機会を増やしていくことが大切である。そして、学校（園・所）と家庭が連携しながら取り組むことで、さらに大きな効果が期待できるであろう。

引用・参考文献
1）幼児期運動指針策定委員会（2012）「幼児期運動指針」
2）スポーツ庁（2017）「体力・運動能力調査報告書」

■　第4章　幼児期の運動発達特性　　　　　　　　■

1　はじめに

　幼児期は、生涯にわたる運動全般の基本的な動きを身に付けやすいと言われている。そのような時期だからこそ、幼児期の子どもにかかわる大人は、幼児期の運動発達の特性を理解した上で支援することが大切である。そこで、幼児期運動指針ガイドブック[1]で示されている幼児期の運動発達の特性について紹介する。

2　全般的な発達の特性

　幼児期は、心と体が相互に関連しながら、総合的に発達していく。

　幼児期に入ると、家庭内での親しい人間関係を軸に営まれていたそれまでの生活から、生活の場、他者との関係、興味や関心などが急激に広がり、依存から自立に向かう。

　生活の場では、保護者や周囲の大人に見守られているという安心感に支えられて、いろいろなことをやってみようとする活動意欲が高まる時期である。行動範囲は家の外へと広がり、運動機能も急速に発達していく。

　他者との関係においては、他の幼児や家族以外の人々の存在に気付きはじめ、次第に関わりを求めるようになる。初めは、それぞれが別々の活動をしながらも同じ場所で過ごすことで満足する姿が見られるが、やがて一緒に遊んだり、言葉を交わしたり、物をやりとりするなどの関わりをもつようになっていく。ときには自己主張のぶつかり合いや友達と折り合いをつけるなどの体験を重ねながら、友達関係が生まれ深まっていく。

　興味や関心は、生活の場や対人関係の広がりに伴って、徐々に様々な対象に向けられていく。自分でよく見たり聞いたり、十分に関わり合う

25

ことにより、好奇心や探究心を満足させながら、思考力の基礎を培っていく。

　幼児期においては、それまでの自己を表出することが中心の生活から、他者との関わり合いを通して、その存在を意識する生活へと変化するため、自己を抑制しようとする気持ちが生まれ、自我の発達の基礎が築かれていく。

3　運動の発達の特性と動きの獲得の考え方

　幼児期は、生涯にわたって必要な多くの運動の基となる多様な動きを幅広く獲得する非常に大切な時期である。動きの獲得には、「動きの多様化」と「動きの洗練化」の二つの方向性がある。

　「動きの多様化」とは、年齢とともに獲得する動きが増大することである。幼児期において獲得しておきたい基本的な動き（図１）には、立つ、座る、寝ころぶ、起きる、回る、転がる、渡る、ぶら下がるなどの「体のバランスをとる動き」、歩く、走る、はねる、跳ぶ、登る、下りる、這う、よける、すべるなどの「体を移動する動き」、持つ、運ぶ、投げる、捕る、転がす、蹴る、積む、こぐ、掘る、押す、引くなどの「用具などを操作する動き」が挙げられる。通常、これらは、体を動かす遊びや生活経験などを通して、易しい動きから難しい動きへ、一つの動きから類似した動きへと、多様な動きを獲得していくことになる。

　「動きの洗練化」とは、年齢とともに基本的な動きの運動の仕方（動作様式）がうまくなっていくことである。幼児期の初期（３歳から４歳ごろ）では、動きに「力み」や「ぎこちなさ」が見られるが、適切な運動経験を積むことによって、年齢とともに無駄な動きや過剰な動きが減少して動きが滑らかになり、目的に合った合理的な動きができるようになる。

　次に、目安として幼児期における一般的な運動の発達の特性と経験しておきたい遊び（動き）の例について示す。なお、幼児の発達は、必ずしも一様ではないため、一人一人の発達の実情をとらえることに留意する必要がある。

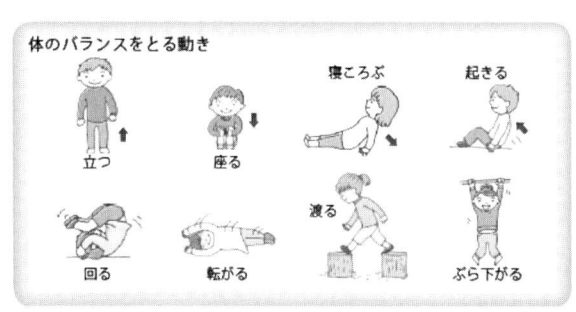

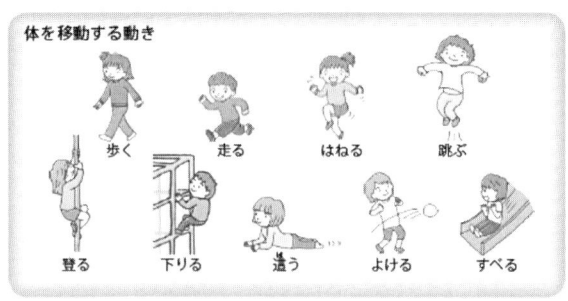

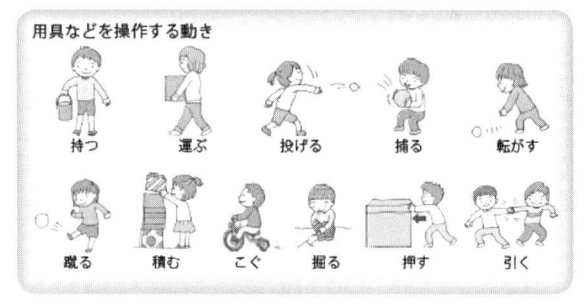

【図1　幼児期に経験する基本的な動きの例】

（1）3歳から4歳ごろ

　基本的な動きが未熟な初期の段階から、日常生活や体を使った遊びの経験をもとに、次第に動き方が上手にできるようになっていく時期である。特に幼稚園、保育所等の生活や家庭での環境に適応しながら、未熟ながらも基本的な動きが一通りできるようになる。次第に自分の体の動きをコントロールしながら、身体感覚を高め、より巧みな動きを獲得することができるようになっていく。

　したがって、この時期の幼児には、遊びの中で多様な動きが経験でき、自分から進んで何度も繰り返すことにおもしろさを感じることができるような環境の構成が重要になる。例えば、屋外での滑り台、ブランコ、鉄棒などの固定遊具や、室内での巧技台やマットなどの遊具の活用を通して、全身を使って遊ぶことなどにより、立つ、座る、寝ころぶ、起きる、回る、転がる、渡る、ぶら下がるなどの「体のバランスをとる動き」や、歩く、走る、はねる、跳ぶ、登る、下りる、這う、よける、すべるなどの「体を移動する動き」（図2）を経験しておきたい。

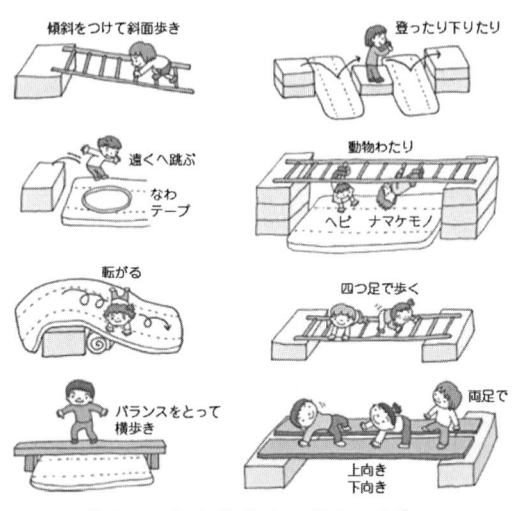

【図2　体を移動する動きの例】

（2）　4歳から5歳ごろ

それまでに経験した基本的な動きが定着しはじめる。

友達と一緒に運動することに楽しさを見いだし、また環境との関わり方や遊び方を工夫しながら、多くの動きを経験するようになる。特に全身のバランスをとる能力が発達し、身近にある用具を使って操作するような動きも上手になっていく。

さらに遊びを発展させ、自分たちでルールや決まりを作ることにおもしろさを見いだしたり、大人が行う動きのまねをしたりすることに興味を示すようになる。例えば、なわ跳びやボール遊びなど、体全体でリズムをとったり、用具を巧みに操作したりコントロールさせたりする遊びの中で、持つ、運ぶ、投げる、捕る、転がす、蹴る、積む、こぐ、掘る、押す、引くなどの「用具などを操作する動き」（図3）を経験しておきたい。

【図3　用具などを操作する動きの例】

（3）5歳から6歳ごろ

　無駄な動きや力みなどの過剰な動きが少なくなり、動き方が上手になっていく時期である。

　友達と共通のイメージをもって遊んだり、目的に向かって集団で行動したり、友達と力を合わせたり役割を分担したりして遊ぶようになり、満足するまで取り組むようになる。それまでの知識や経験を生かし、工夫をして、遊びを発展させる姿も見られるようになる。

　この時期は、全身運動が滑らかで巧みになり、全力で走ったり、跳んだりすることに心地よさを感じるようになる。ボールをつきながら走るなど基本的な動きを組み合わせた動きにも取り組みながら、「体のバランスをとる動き」「体を移動する動き」「用具などを操作する動き」をより滑らかに遂行できるようになることが期待される。そのため、これまでより複雑な動きの遊びや様々なルールでの鬼遊びなど（図4）を経験しておきたい。

【図4　複雑な動きの遊びや様々なルールでの鬼遊びなどの例】

4　小学校教育とのつながり

　平成20年の小学校学習指導要領体育科で、「体つくり運動」が低学年から位置付けられた。その内容としては、低学年に「多様な動きをつくる運動遊び」、中学年に「多様な動きをつくる運動」が示された。これらは、将来の体力向上につなげていくために、この時期に様々な基本的な動きを総合的に身に付けていくことを目指している。平成29年に改訂された小学校学習指導要領体育科においても、低・中学年の内容は変わっていない。この小学校の内容を念頭に考えると、幼児期においては、体を動かす遊びや日常生活の中で、多様な動きを自然に身に付けていくような取り組みが求められる。

5　おわりに

　幼児期運動指針では、動きの獲得には「動きの多様化」と「動きの洗練化」の二つの方向性があると言われている。その二つ方向性を踏まえつつ、各年齢における動きの発達を考慮しながら子どもを支援していくことが大切である。

　支援をするにあたっては、平成29年 3 月に改訂された幼稚園教育要領の内容を参考にしたい。その幼稚園教育要領では、各幼稚園で、幼児期にふさわしい遊びや生活を積み重ねることにより、幼稚園教育において育みたい資質・能力が育まれている幼児の具体的な姿として「幼児期の終わりまでに育ってほしい10の姿」が示された。その中の 1 つに「健康な心と体」があり、 5 歳児後半の具体的な姿として、「幼稚園生活の中で、充実感をもって自分のやりたいことに向かって心と体を十分に働かせ、見通しをもって行動し、自ら健康で安全な生活をつくり出すようになること」が目指されている。そのような目指すべき姿が見られるようにするためには、子どもが体を動かしたくなるような環境を整えたり、子どもが楽しい動きや遊びをつくり出す機会を保障したりすることが大

切である。すべての子どもが、体を動かすことを楽しみながら様々な動きを獲得することを目指してほしい。

引用・参考文献

1）文部科学省（2012）「幼児期運動指針ガイドブック」p12－16

第Ⅱ部　幼児期の運動遊びを探る

■ 第1章　幼児期の運動遊びの意義　　■

　子どもたちが、広い公園の芝生で気持ちよさそうに走っている。勝ち負けを競っているのでもなく、走り方を追求しているのでもなく、また大人に「走るように」と指示されているのでもない。ただ、走ることが楽しいから走っている。

　大人が運動に取り組むとき、その多くは、運動技能の習得や試合に向けての練習、体力作りやダイエットなどのような目的がある。一方で、子どもたちが、力いっぱいからだを動かして夢中になって遊ぶのは、運動する行為そのものが楽しく、また、友だちや身近な大人と一緒に活動することが嬉しく心地よいからである。

　では、なぜ幼児期の子どもたちにとって運動遊びが必要なのか。事例を通して幼児期の運動遊びの意義について考えていきたい。

1　心が動く　からだが動く
《エピソード①》水たまりでジャンプ　　　　　　　　　　　　2歳児

> 　昨夜から降っていた雨があがり、子どもたちが園庭に出ていく。すでに泥遊びが始まっている様子が見えたのか、男の子は、「泥だらけ♪　泥だらけ♪」と歌いながら駆けていく。なま暖かい泥を手で触りながら、思わず「ベチャベチャ」「ドロドロ」と言葉が出る。泥水の中で飛び跳ねると、ペッチャンペッチャン茶色い泥水が跳ねる。音の響きが楽しさを増す。水たまりの中で泥水が跳ねるよう、何度も何度もジャンプする。

　2歳児の子どもたちは、泥水のなま暖かい感触と「ドロドロ」「ベチャベチャ」という言葉の響きに誘われて、心がどんどん開放されていく。それにあわせるかのようにからだが動き出す。側で恐る恐る見ていた子どもも、いつの間にか水たまりに入りジャンプする。泥水しぶきがあがると、ますます力強くジャンプする。自分の力で、泥水が跳ねることが面白くてたまらない。

　心とからだが直結している。

《エピソード②》黄色チームの一員として　　　　　　　　　　　3歳児

> 　園庭で年長児の子どもたちがリレーをしている。その中に黄色いはちまきを巻いたからだのひとまわり小さな男の子がいる。リレーゾーンで年長児が戻ってくるのを待っている。黄色いバトンを受け取ると懸命に走る。大きなお兄ちゃんと一緒にトラックを走ることが嬉しい。一周走り終えると、また列の後ろに並び、自分の順番を待つ。額には大きな汗粒が流れている。

　3歳児の男の子にとって、バトンを持って大きなトラックを走ることは、とても誇らしいことのようだ。頬を真っ赤にして走る。憧れの年長児と一緒に走ることが楽しい。

　そんな男の子が、途中、保育室前のテラスでお茶を飲む。はちまきをはずすと、3歳児のあどけない表情である。お茶を飲み終えると、はちまきを締め、黄色いバトンを持って園庭に向かう。リレーの仲間になるための引き締まった表情に戻っている。心もからだも総動員して走ることを楽しんでいる。

走る（3歳児）

《エピソード③》水の心地よさを味わって　　　　　　　　5 歳児

> 　園庭で水鉄砲の撃ち合いが始まる。自分の陣地を作り、身をかが
> め、身を守りながら相手を狙って撃つ。保育者も仲間に入り、真剣
> 勝負である。すぐ側にある水の補給のためのたらいでは、なぜか足
> を入れ座り込んでしまった子どもが、水の心地よさを感じている。

　夏の暑い日、水鉄砲の撃ち合いも、たらいの水浴びもどちらも楽し
い。年長児になっても、頭からずぶ濡れになって、遊ぶ。水には、心を
解き放つ何かがあるようだ。

水で遊ぶ（5 歳児）

　幼児期の運動遊びは、大人に指示されて行うものや何かの目的のため
に手段として行うものではない。自らの心が動き、からだが動き、全身
でその心地よさや満足感を味わい、遊びそのものを純粋に楽しむ。

　幼稚園教育要領等では、領域「健康」のねらいが「自分の体を十分に
動かし、進んで運動しようとする」と示され、「いろいろな遊びの中で
十分に体を動かす」「進んで戸外で遊ぶ」ことなどが内容として挙げら
れている。子どもたちは、自らからだを動かす楽しさや心地よさを感
じ、心もからだも一体となって運動遊びを楽しむ。

　幼児期の「心が動く、からだが動く」という経験が、これから生涯、
自ら楽しくからだを動かし運動に親しんでいくための基盤となる。

2　ものにかかわることを楽しむ

《エピソード④》縄を使って　　　　　　　　　　　　　　　　　　4歳児

> 　園庭の木の家の中で男の子たちが基地ごっこを楽しんでいる。一人の男の子が、手すりに縄を巻き付け始めた。ぐるぐると回し、ずれないように固く括りつけている。しばらくすると基地まで乗ってきた自転車を持ち上げようと縄の一方を垂らしている。ねらいを定めて、ハンドルに縄の端を引っかけようと何度も試みる。

　縄というシンプルなものを使って、巻き付けたり括りつけたり、釣り糸のように垂らしてみたり、様々なかかわりを試みる。

　子どもたちは、一本の縄を使って、縄の上をそっと歩いたり、綱引きのように引っ張ったり、鉄棒にぶら下げたり、時には、電車ごっこの電車や鬼ごっこの陣地に見立てて遊ぶ。

　多くの大人は、縄は跳ぶためのものだと思っている。そのため、子どもに早く跳ぶことができるようなアドバイスをしたり、練習をさせたりしようとする。子どもたちは、豊かな感性でものにかかわり、ものを使って全身で遊ぶことを楽しむ。その中で、からだを動かしながら、縄の特性に気付き、面白い使い方を考え、何度も試すことを経験していく。

縄を使って（4歳児）

《エピソード⑤》赤の1番　　　　　　　　　　　　　　4歳児

> 　朝早く登園してきた女の子は、身のまわりの片付けが終わると一輪車置き場に走っていく。そこで、一番小さな赤い一輪車を手に取る。「1番」と書かれている。補助台をしっかりと握りしめて、前に進んだり後ろに下がったり。
> 　途中で、友だちが「ずっと乗っているから代わって」と訴える。女の子は、友だちの方を向くことも何か答えることもない。少し離れた位置にあるフェンスを目指してこぎ出していく。

　一輪車に少しだけ乗れるようになった女の子にとって、今は、一日中一輪車に乗っていたい。ペダルを動かすと一輪車が進んだり退いたりする感覚が面白い。補助台から一歩踏み出していくことにも挑戦している。仲良しの友だちから交代してほしいと言われても交代できない。

　この園の子どもたちにとって小さな「赤の1番」に乗ることは、「今から一輪車に挑戦するよ」という宣言である。他にも色の違う同じサイズのものがある。しかし、「赤の1番」がスタートであり、それを手にすることによって、今日も頑張ることができる。「赤の1番」でなければならないのである。「赤の1番」を手に入れるために朝早く登園する。友だちにも譲れない。ものにこだわり、ものに固執する。「赤の1番」は、挑戦する気持ちを支えてくれる強い味方である。もうしばらくすると、「赤の1番」以外の一輪車にも向き合えるようになる。

　子どもたちは、様々なものにかかわりながら体を動かして遊ぶ。それは、運動のための用具である場合もあれば、園庭の砂や水、虫や小さな生き物の場合もある。また、運動のための道具であっても、大人が考えるような方法で使用するとは限らない。ただ大きなボールを追いかけたり、縄を巻き付けたりぶら下げたり、サッカーゴールで基地を作ったり、多様なかかわり方を生み出す。

　また、一見同じように見える用具も、「ドッチボールにはこのボール」、「一輪車を始めるときはこの一輪車」のように、自分とそのものとの関係にこだわり、その意味を追究しようとする。

3　友だちと一緒に

　園で過ごす子どもたちは、周りの友だちの様子をよく見ている。友だちの姿を見て、「面白そうだな」「やってみたいな」と思う気持ちをもつ。心が動くとからだも同時に動き出す。友だちと一緒にからだを動かすことで、楽しさや心地よさを共有し、さらに「〜してみよう」「〜してみたい」と気持ちを膨らませていく。

　《エピソード①》の男の子は、すでに始まっていた泥遊びに気付くや否や園庭に駆け出していった。また、側で見ていた子どもも楽しそうな友だちの姿に誘われて、水たまりの中に入っていった。同様に《エピソード②》の男の子も、年長児がトラックを颯爽と走っている姿に憧れて、「僕もお兄ちゃんみたいに走りたい」と仲間入りしたのである。走るスピードは明らかに違うが、年長児と一緒に走るのが嬉しいことである。

　一方で、《エピソード⑤》の女の子は、4歳児秋頃より周りの友だちが一輪車に向かう中、そこには決して近づかなかった。興味がないからではなく、気になって仕方がないから近づくことができなかった。時々、保育室の中からじっと一輪車遊びの方を見つめていた。友だちの姿を見ながら、やりたい気持ちをため込んできたと言えるだろう。

　一輪車遊びは、一見、子どもがひとりで「乗れるようになること」に挑戦しているように見える。しかし、決してそうではない。友だちの乗っている姿に心を動かされ、「私も乗りたい」と気持ちを膨らませる。補助台の辺りでは、「最初は手を握って、足を前に踏み出す」「怖くてできん」「怖くないから大丈夫」など様々なやりとりがなされる。時には、

「もっと強く」「勇気ださんとできん」と厳しい声がとぶ。

　「Aちゃんは、もう1メートルくらい行けるよ」「Bちゃんは、まだ怖いから足で踏み込めない」など、今、友だちがどの段階に挑戦しようとしているか、どこにつまずいているのか、よく理解している。友だちの姿は、自分が経験してきた道であり、やがて通っていく道だからである。前を進む友だちに憧れ、目標にするとともに、後から進んでくる友だちには、自分がつかみ取ってきたことを伝え応援しようとする。

　友だちの姿と比べて自分に歯がゆい思いを抱いたり、友だちに一輪車を譲れなかったり、マイナスに思える感情を味わうこともある。しかし、それも含めて、人と共に生きることを学んでいる。

　そのような過程を経て、友だちが「乗れるようになる」その瞬間、子どもたちは、「見て、見て、Cちゃんが乗れたよ」と自分のことのように喜び、大きな声で周りに伝える。自分の経験と友だちの経験が時間を経て重なり、乗れるようになったその瞬間を喜び合うのである。

　このような友だちとの経験が、また他の運動遊びや活動に向かう力を与えてくれるだろう。

4　ルールの必要性を感じて

《エピソード⑥》誰のためのルール？　　　　　　　　　　　　　　3歳児

　遊戯室でフラフープを使って遊ぶ。保育者は、用具の使い方や遊び方について細かく話をする。子どもたちは、じっと話を聞いている。

　ようやく活動の時間になり、フラフープをハンドルに見立てた子どもたちが遊戯室を走り始める。保育者は、「ルールを守って」と何度も声をかける。一人の男の子は、誰よりも生き生きと車を走らせている。道を大きく外れて友だちの車にぶつかりそうになるが、うまく体をかわしながら走っていく。あまりにスピードが出すぎたた

めか、途中で転んでしまう。しかし、膝をさすりながらまた走り始
める。

　安全に遊ぶために工夫された用具が整然と準備され、遊び方について
細かな指示が与えられる。話を聞いている子どもたちは、体がうずうず
と動き出しそうなのだが、遊び方についての話が続く。

　保育者は、運転手になりきって走ることを楽しんでいる姿よりも、
ルールを守っているかどうかが気になる。安全に楽しく遊ぶためには、
守らなければならないことがあるだろう。しかし、活動中ずっと指示や
禁止の言葉が並べられると、これらのルールは誰のためなのだろうかと
思えてくる。遊びの中で、子どもと共に楽しく遊ぶためのルールを考え
ていけばいい。

《エピソード⑦》ルールを守ったほうが楽しいよ　　　　　　　　5歳児

　　毎日のようにドッチボールを楽しむ中で、歩幅でコートの大きさ
　を揃えようとしたり、帽子の色を数えてチームの人数を合わせよう
　としたりする姿が見られるようになる。
　　あるとき、スピードに負けて取り損ね、当たってしまった男の子
　が、コートの外に出ずにプレーを続けようとした。すると周りの子
　どもたちが「外野（に出ろ）」と声をかける。その子は、少し不服そ
　うな顔をしたが、「すぐに当てて帰ってくるわ」と言いながら外に出
　て行く。今までのような、ズルは通用しない。

　ドッチボールをはじめた頃は、ラインの外に出たボールの取り合いを
したり、ボールに当たってしまった子どもがそのままコートに残ったり
する場面も多かった。やがて、コートの大きさや人数、ラインを超えな
いことや当たったら外に出ることなど、子どもたちの中でルールが共有
されていく。と言っても、いつも守れるわけではなく、ボールの取り合
いや、当たっても出ようとしないズルは日常茶飯事。しかし、子どもた

ちが互いにそれを指摘し合い、その言葉を受け入れられるようになっていく。ボールの取り合いで喧嘩になることや、ズルをしてコートに残ることよりも、ルールを守って遊んだ方が楽しいことを体感していく。

　スポーツ競技は、からだをぶつけ合ったり、高度な技術を競ったりする。そのため、安全に競技ができるように、また公平に勝負ができるようにルールが決められている。スポーツを行う上で、ルールを守ることは基本である。

　一方、幼児期の運動遊びは、楽しくからだを動かすことや友だちと一緒に活動することにより、体力や運動能力を高めていく。その時、細かく決められたルールを守らせることを最優先するよりも、からだを動かして遊ぶ中で、「ルールを守った方が楽しく遊べる」ことを子どもたちが実感していくことが大切だろう。

　子どもたちが、遊びを進めていく中で必要感からルールを考え、子ども集団で共有し、それを守ろうとする経験が大切である。そのことが、将来、スポーツに限らず生活の中でルールの意味を理解し、遵守しようとする態度につながっていくだろう。

5　自分に向き合う

　3歳児の女の子がブランコに乗っている。これまで大人に背中を押してもらっていたが、自分でブランコを漕ごうとしている。まだまだブランコの動きとからだの動きがぎこちない。それでも、懸命に足を振り出す。「もっと高く」「がんばれ、わたし」という声が聞こえてきそうだ。
　《エピソード⑤》の4歳児の女の子は、長くため込んできた「一輪車に乗りたい」気持ちの実現に向けて、スタートラインを切った。挑戦する気持ちの象徴である「赤の1番」を手にしても、なかなか前には進めない。一歩踏み出すために、大きな勇気が必要である。乗れるようにな

りたい自分と負けそうになる自分が行ったり来たりする。周りの友だちのようにできない自分の姿を情けなく感じることもある。「どうして、私はうまく出来ないの」と涙が出そうになる。そんな自分と向き合いながら、ひたすら一輪車に乗り続ける。

　子どもたちは、運動遊びを通して自分と向き合う。頑張っている自分も、なかなか頑張れない自分も全て自分である。様々な自分と向き合いながら、たくましく自分を成長させている。

《エピソード⑧》自分に自信を感じて　　　　　　　　　　　　　　5歳児

　　女の子が自転車のハンドルを握りしめ、必死の形相でペダルを踏んでいる。肩がぎゅうっと持ち上がり、全身に力が入っている。すぐ後ろで荷台を持っている保育者は、「大丈夫、握っているよ」と声をかける。何度か繰り返した後、保育者は「大丈夫」と言いながら、荷台からそっと手を離す。女の子は、自分の力で前に進む。追いかけてきた保育者が、「もう自分で乗れているよ」と声をかけると、びっくりした顔で後ろを振り返り、保育者を見る。
　　片付けの時間、倉庫に自転車を片付けた女の子は、真っ赤な頬で胸を張って保育室に歩いて帰った。後ろを振り返ることもなく。

自転車に挑戦する（5歳児）

　5歳児の春、子どもたちは次々と自転車に乗れるようになった。この女の子は、最後の挑戦者だったと言う。「今日がこの子のタイミング」と思ったのか、保育者が側で温かく見守っていた。心配そうな顔をした友だちも一緒だ。後は、「自分で乗る」という強い気持ちだけだった。

　この日、自転車に乗れるようになった女の子は、先ほどまでとは顔つきが変わり大きな満足感と自信に満ちたような表情になった。ひとまわり大きくなった自分を感じているようだった。

　子どもたちが、運動遊びに取り組むとき、からだを動かすことの楽しさや心地よさを心いっぱい感じている。その中で、ものにかかわり、ものの特性に気付いたり、面白くする方法を考えたり、何度も繰り返して試したりする。また、友だちが伸び伸びと運動遊びをする姿から、意欲や好奇心をかき立てられ「やってみたい気持ち」を膨らませていく。友だちと一緒だから嬉しい気持ちを味わうことができる。ルールを守って遊ぶことの必要性も理解する。運動遊びを通して、子どもたちは自らの心とからだを育て、成長させていくのである。

　次章では、そのような運動遊びにとって重要な環境について考えてみよう。

引用・参考文献
文部科学省（2018）「幼稚園教育要領解説」フレーベル館

■ 第2章　幼児期の運動遊びと環境　　　　　　　　　■

　前章において、幼児期の運動遊びは、大人がやらせる活動ではなく，「やってみたい」と子どもの心が動き、自然にからだが動き始めるものであると述べてきた。そのためには、子どもを取り巻く環境が、思わずやってみたくなるような魅力的なものでなければならない。ここでは、運動遊びの環境について、もの、空間、時間、人、家庭や地域の5つの視点で考えていきたい。

1　ものの準備

（1）思わずかかわりたくなるもの

　登園してくると、砂場のすぐそばにスコップやシャベル、バケツやじょうろ、カップやお皿などの入った籠が並んでいる。「今日は大きなお山を作ろう」「水を流して、長いコースを作りたい」とやりたい気持ちが膨らむ。子どもたちが、思わずかかわりたくなるものを準備しておくことは大切である。

　この時、自分のスコップで穴を掘り、自分のバケツで水を汲み、自分のカップで型抜きをすることが楽しい2、3歳児には、自分の道具が手にできるように数を整えたい。一方、4、5歳児になり、多くの友だちと協力して大きな山を作ったり、川に水を流したり、樋のコースを作ったりすることを楽しむようになると、力を合わせて運んだり、知恵を出し合って作ったりすることが可能な用具を準備したい。

　季節や時期、子どもの発達に合わせて、用具の数や種類、大きさなども考えていきたい。揃えることだけでなく、時には数を減らしたり、片付けたりすることもある。また、子どもたちが、自分の手で片付けやすい環境を工夫することも大切である。

（2）自然物やシンプルなもの

　園庭の砂場での遊びや、夏の水遊びが、子どもたちにとって心躍るものであることは、ここまでにも述べてきた。そうした砂や水は、子どもたちの心を開放し、思わず体を動かしたくなる力をもっている。そのため、園での遊びにとって意味あるものとして、意図的に準備されている。

　一方、棒きれや石ころなどもまた、遊びに用いられる。子どもたちは、拾った石ころで石蹴りを楽しみ、落ちている棒きれを振り回したり、杖のようについたり、何かに見立てたりして遊ぶ。秋になると、落ち葉をかき集めることや、木の実を拾うことも楽しい遊びとなる。

　また、縄やタイヤ、ビールケースなどシンプルなものは、その場の状況に合わせて、多様な方法で使用される。大人の考える遊び方や使い方に固執せず、子どもの発想を面白がり、イメージを膨らませながら遊ぶ姿を見守っていきたい。何にでも応用可能なシンプルなものは、子どもの発想をかきたてる。

タイヤやビールケースを準備

（3）少し困難なもの

　慣れ親しんだもので遊ぶことは、子どもたちに安心感を与える。一方、自分の力ですぐには扱うことができない、少し困難なものもまた、子どもにとっては必要である。なかなか思うとおりにならないから、粘り強く継続して取り組もうとする。何とか、困難を乗り越えようと考え、工夫する。友だちと一緒に協力しようとする。できない自分に向き合うことや、勇気を出して前に進み出すことを学ぶ。

　ここまでエピソードで紹介してきた、一輪車や自転車など今の自分にとって少しハードルが高く挑戦する気持ちを駆り立てられるものが準備されていることには、大きな意味がある。それは、一輪車や自転車に限らずブランコや雲梯・登り棒などの固定遊具や、竹馬や独楽などの伝承的な遊具でも同様である。

2　園の環境を生かし工夫する

（1）思わずからだを動かす仕掛け

　周りを住宅に囲まれた街中の園では、玄関に青竹が敷き詰められ、廊下にビニルテープで梯子や丸が描かれている。登園してきた親子は、「気持ちいい」と青竹の上を歩いて保育室に行き、廊下を歩く子どもは、

梯子で「ケンケンパー」をする。

　小さなアイディアや工夫で、子どもたちは思わずからだを動かすようになる。

玄関や廊下で

（2）築山

　現在、若い女性や中高年を中心に登山ブームである。「なぜ山に登るのか？」という問いに、ある登山家が「そこに山があるから」と答えたエピソードは広く伝わっている。園庭の築山もまた、子どもたちにとっては、魅力的な存在である。

　幼い子どもはゆっくりと築山に登り、おしりをつきながら滑り降りる。やがて、大きな歩幅で登り、加速するスピードに身を任せ駆け降りてくるようになる。山は、自分の成長を感じさせてくれる場所である。戦いごっこに夢中な男の子たちが、広告の紙を丸めて作った剣を手に持ち、築山に登り威勢の良い声を出す。園庭や園舎を見渡すことができる築山は、心を開放し、高揚感を味わうことのできる場である。子どもは、より高いところを目指す。

　築山に限らず高いところや高低差を遊びに生かすことは重要である。ジャングルジムや滑り台などの遊具、大型積木や巧技台、また指揮台やテラスなど少しの段差でも高低差があると、駆け上ったり、よじ登ったり、跳び乗ったりすることができる。そして、飛び降りたり、滑り降りたりすることもできる。

（3）大きな木

　園庭に大きな木がある。園のシンボルのような木である。子どもたちは、その木を目指して走り、木の下で「だるまさんが転んだ」に興じ、時には木登りに挑戦し、そして木陰でひと休みする。園の遊びの中心であり、集いの場である。

園庭の大きな木

　倉橋（1976）は、次のように述べている。

> 　子どもにはいっぱいの日なたと共に、静かな日かげも与えてやりたい。
> 　夏の日が強くなると、木の葉が繁って涼しいかげをつくってくれる。自然はなんというこまやまな心づかいと、やさしいいたわりに行き届いていることであろう。励ましと共にいたわりを忘れない。引き立てると共に憩わせることを忘れない。
> 　日盛りの中を駆け回って、その明るい光線に、ぐんぐんと活気をあおり立てられている子どもが、ふと、涼しい木かげに来て、にっこりと、和やかな顔をみせることがある。

　大きな木は、遊びとともに憩いを与えてくれる。

　運動遊びにおいて、活動の充実と休息の確保はどちらも重要なことである。

（4）絶えず遊びの場の見直しを

　ある園では、これまであまり注目することがなかった園庭の真ん中にある大きな築山を見直し、遊びの充実を図る取り組みを行った。保育者が築山に「ゴザ」を準備することにより、座って休憩したり、寝転んで空を見上げたり、大きな滑り台として転がり降りたりする遊びが生まれた。築山が子どもたちのにぎわいの場となったのである。

ごろごろ滑る

　また、ある園では、異年齢での忍者の遊びを計画したときに、保育者集団で園庭の環境について、話し合いを行った。園庭の隅に置かれていた太鼓橋を園庭中央の木の下に移動することで、忍者の集まる砦となった。また、タイヤのスペースを草むらに変身させることで、多くの子どもたちがタイヤ跳びに挑戦した。

　ある園では、大きなタイヤがごろごろと無造作に置かれていて、子どもたちがそれを並べたり重ねたりして遊ぶ。園庭の真ん中には、大きな穴があり、猛スピードで走り抜ける人もいる。決してきれいに整備さ

タイヤ跳びの修行

大きな穴

れた園庭ではないが、敢えてそうしている荒削りな環境がとても魅力的に見える。ここでは、少し危ないことに、思い切って挑戦できる。

　職員集団で遊びの環境を絶えず見直し、子どもたちのワクワクする気持ちを高めていくことによって、子どもたちが主体的に環境にかかわり、遊びが広がる。さらに、子どもたちが自ら遊びの環境を考え、構成する担い手になってくる。

　広い園庭を有する園もあれば、十分な遊びのスペースをとりにくい園もある。固定遊具が充実した園もあれば、そうでない園もある。大きな木や草花に囲まれた自然豊かな園もあれば、そうでない園もある。いずれにせよ、足りないことを不満に思うだけでなく、職員集団で園の環境について話し合い、その良さや特徴を生かした遊びの場作りを工夫することが大切である。

3　時間の保障

　園の保育者から、「なかなか外で遊ぶ時間がなくて」という声をよく聞く。天気の良い午前中だというのに、園庭に子どもの姿はない。生活発表会などの行事や、地域との連携や交流のための活動に追われ、戸外で運動遊びをする時間を確保できないのだと言う。

　また、全園児での活動や、サーキット遊びのような活動が運動遊びだとされている園では、全体が集まるまでの時間や、自分の順番を待つための時間が多くなり、結果としてからだを動かす時間が少なくなってしまう。

　子どもたちは、心が動き、からだが動き、ものとかかわり、友だちとかかわり、自分に向き合う。運動遊びを通して、子どもは育つ。子どもたちには、活動と活動の合間の細切れの時間ではなく、たっぷりと遊ぶ時間を保障したい。

　からだを思い切り動かして遊んだ子どもは、お腹がすき食欲も増す。しっかりと食べ、早く眠ることができる。心いっぱい、からだいっぱい遊ぶ時間を保障することが、基本的な生活習慣の確立にもつながってくる。

4　温かなまなざしに見守られて

　身近な大人の運動に対する関心や意識が子どもに与える影響は大き

い。日頃より保護者や保育者が、運動することの楽しさや心地よさを感じているならば、子どもたちも自然にからだを動かして遊ぼうとする。また、自発的な活動としての遊びの中でからだを動かして遊ぶことの重要性を認識していれば、遊びの環境を見直したり、工夫したりすることができる。

《エピソード⑨》ゴールは先生　　　　　　　　　　　　　　　　　2歳児

> 　園庭で追いかけっこをして遊んだ子どもたちが、保育室に戻る。保育者が、「みんなでヨーイ、ドンして帰ろう」と言う。子どもたちは、保育者と同じようにスタートの格好をして、「ヨーイ・ドン」の声とともに駆け出す。保育室前には、もう一人の保育者が両手を広げて待っている。子どもたちは、保育者の腕の中に飛び込んでいく。

　ただのかけっこではない。ゴールでは、大好きな保育者が待ってくれている。保育者の腕の中に抱き止められる。嬉しい瞬間である。

《エピソード⑩》しっぽとり鬼ごっこ　　　　　　　　　　　　　　3歳児

> 　園庭に子どもたちがでてきた。何かが始まるらしくみんなうきうきしている様子。よく見ると、保育者のパンツのウエストから、10本くらいの黄色いはちまきが見えている。保育者が走り出すと、その後ろを子どもたちがみんなで追いかける。「待って、鬼さん」と手を伸ばしながら、走る。

　鬼役の保育者を子どもたちが追いかける。目指すのは、保育者のしっぽ。保育者は、しっぽだらけの鬼である。子どもたちは、「先生を追いかけたい」「先生のしっぽをとりたい」のである。
　3歳児の鬼ごっこは、保育者を追いかけることや、保育者に追いかけられることが嬉しい。子どもたちにとって、身近な大人が一緒に体を動かして遊んでくれることは何よりも幸せなことである。

《エピソード⑪》長縄に願いをこめて　　　　　　　　　　　　　4 歳児

> 　長縄の遊びに加わる子どもが増える中で、少し離れたところから
> じっと見ている女の子。保育者が「一緒にやってみる」とさりげな
> く声をかけるが、「しない」と首を横に振ってどこかへ行ってしまう。
> 関心はあるようだが、からだは動かない。
> 　ある日、保育者は、女の子が遊んでいるすぐ側の木に長縄の片方
> を括りつけ、回し始める。静かに回していると、その女の子が「先
> 生、私もする」と近寄ってくる。保育者は嬉しくて、「どうぞ！」と
> 答える。

　保育者は、やりたいことがあってもなかなか参加することができない
女の子が、一歩踏み出す瞬間を待っていた。ただ、待っていたわけでは
ない。環境に願いをこめて子どもの心が動くタイミングを待っていた。

　保育者は、この日のことを「跳んではみるが当然ながら初めからうま
くはいかない。縄を跳び越えることで精一杯である。私は、せっかくの
第一歩を大事にしたかった。だから、気持ちをそいでしまわぬよう、呼
吸に合わせて『そうそう、ぴょん、ぴょん』と声をかけながら大事に縄
を回した」と記録している。

　無理強いせず、女の子の心の動きに寄り添い、タイミングを図っての
援助である。回している長縄に保育者の温かい思いがこめられている。

　河合（1992）は次のように言う。

> 　自分の行為に関心をもって見守ってくれる人が存在することに
> よって、その子どもに潜んでいた可能性が動き始めるのである。
> （略）子どもの傍らにいて、関心をもって見守ってくれる人がいるこ
> とが、子どもの自己実現の力が表出されてくるための要件なのであ
> る。「関心をもって見守る」ことは、簡単なようで難しいことである。

　子どもたちと共にからだを動かして遊ぶことを楽しむ感性。子どもた

ちのやりたい気持ちを受けとめ、挑戦を支え、温かく見守っていこうとうする姿勢。子どもたちが、心やからだを動かして遊ぶとき、身近な大人の温かなまなざしが必要である。

5　家庭や地域と連携して

（1）親子でからだを動かす

　最近建築されている保育施設には、広く立派な駐車場が整備されているところが多い。多くの家庭が、自動車による送迎を行い、子どもたちが歩いて登園してくる姿は珍しくなっている。

　ある園では、「わくわくウォーキングデー」として、月に2回親子徒歩通園を推進している。「みつけたよカード」を準備し、徒歩通園で見つけたことを保護者に記入してもらい、そのカードをもとに園でのお散歩に出かけることもあると言う。自宅から園までの距離や保護者の就労等で取り組みの難しい面もあるが、親子で手をつなぎ、同じものを見て、会話を楽しみながら歩いて登園することは、子どもたちにとっても保護者にとっても貴重な時間となるだろう。歩いてこそ、見える風景があり、感じられる地域の人々の生活がある。

　また、多くの園では、家庭教育学級などを活用して親子のふれあい体操や、運動遊びについての講演会などが開催されている。家庭での運動経験が子どもの運動発達に大きな影響を与えると言われている。保護者に幼児期の運動遊びの重要性に関する理解を図っていくことが重要である。

（2）地域に出かけて

　ある園では、子どもたちが、毎日のように地域の田畑や神社にお散歩に出かけていく。田んぼのあぜ道を通りながら、生長する稲や野菜、水田や用水路の生き物などを見る。そして、地域の人々の生活や仕事を肌

で感じる。ま
た、山の神社
では、急斜面
をよじ登り、
深い森の生命
に包まれ棒き
れや落ち葉で
遊ぶ。

神社へのお散歩（5歳児）

　園から一歩外に出るためには、安全管理や園内の支援体制など考えな
ければならない課題は多い。しかし、幼児期の子どもたちにこそ、自分
の足で地域を感じ、地域を知ってもらいたい。「お散歩」は、地域と出
会う貴重な時間である。保育参観や保育参加等を活用して、保護者も巻
き込んで地域に出かけることも重要であろう。

　また、ある園では、園内研修の取り組みとして、「おさんぽまっぷ」

作りを行っている。お散歩で見
つけたものや出会った人をマッ
プに書き込んでいく。園の玄関
に掲示されたマップは、子ども
たちと保護者の豊かな会話を生
み出しているとともに、保育者
や保護者が地域を知る貴重な資
料となっている。

おさんぽまっぷ

引用・参考文献

河合隼雄（1992）「子どもと学校」岩波新書

倉橋惣三（1976）「育ての心（上）」フレーベル館

第Ⅲ部 幼児期の園や家庭における運動遊びを探る

■ 第1章　園でできる運動遊び ■

1　姿勢制御運動の遊び

（1）【運動名：新聞紙じゃんけん】

◎体力要素：平衡性

◎ねらい：いろんな姿勢で行うことでバランス能力や体を支える体幹筋力を鍛えることにつながる楽しいゲームである。

◎運動方法：

①新聞紙を人数分準備して広げる。

②参加する人はその上に足を広げて立ち対戦する人と向かい合っておく。

③対戦相手とじゃんけんをして勝ち負けを決める。勝った人はそのままで負けた人は新聞紙を半分に折りその上にまた立つ。基本的にはこれを繰り返していく。じゃんけんを何度も行っていくうちに新聞紙がどんどん小さくなっていくがバランスを崩さないように頑張る。いよいよ新聞紙が小さくなり片足で立つしかないスペースになってくるだろう。バランスを崩し片方の足が新聞紙の外の地面についてしまったほうが負けとなる。

◎ワンポイント：今回は両足で立った状態からスタートしているが、足だけでなく片手、片足をつけた状態からスタートする方法などもある。

（2）【運動名：トンネル鬼】

◎体力要素：敏捷性、巧緻性、平衡性

◎ねらい：通常の鬼ごっこにはない「這う」「くぐる」「両手で体を支える」といった動きを経験することができる。からだを巧みに動かす「巧みさ」と「すばしっこさ」両面の体得を狙った運動遊びである。

◎運動方法：

①トンネル鬼を行う範囲を線を引いたりマーカーを置いたりするなどして決めておく。

②じゃんけんなどで鬼を決め、それ以外の人は鬼が10秒数えている間に思い思いの場所に逃げておく。

③鬼にタッチされた人は両手両足を地面につけ自分のからだでトンネルを作り「助けてくれ〜」などの合図を出しながら仲間が助けに来てくれるのをトンネルの状態で待つ。タッチされていない仲間は鬼の目をかいくぐりながらトンネルにされている仲間の元へ駆け寄り、四つ這いなどでトンネルの中を急いでくぐる。うまくくぐることができればトンネルにされていた仲間は復活しまたゲームに参加することができるようになる。

④あらかじめ３分間など制限時間を決めておき、３分以内に全員がトンネルにされてしまった場合は鬼の勝ち、一人でも逃げ切れた参加者がいた場合は逃げている側の勝ちとなる。

（3）【運動名：動物真似っこシリーズ】

◎体力要素：平衡性、柔軟性、巧緻性

◎ねらい：片手、両手、片足などを地面についてからだを動かす運動は体幹筋力の向上や自分の思い通りに体を動かす巧緻性の向上が期待できる。こういった様々な体勢で体を保持、制御する力を育むことは動的また静的バランス能力向上につながり正しい姿勢を維持する上でも重要であると考えられる。

◎運動方法

クマ………膝をつかずに両手、両足を交互に前へ出しながらからだを前に進む

アメンボ…腹ばいになり両手、両足を地面につかないよう伸ばす

カエル……①両手を前につく

②両手をついた後にすぐさま両足で地面を蹴りその足を両手の後ろまで引き寄せる

③これを繰り返して前に進む

クモ………お腹を上にした状態で両手、両足を地面につきお尻を地面からしっかり挙げる

その姿勢を維持したまま左右、前後のクモのように移動していく

イカ………仰向けで横になり両膝を立てておく。

両膝で地面を蹴りながら頭から前にフローリングを滑るように前身していく

片足を怪我したクマ（カエル）…クマ（カエル）の姿勢を作り片足を上に持ち上げたまま、地面についている方の足と両手を使って前に進んでいく

◎ワンポイント：子どもたちに問いかければ様々な動物の名前を口々に話してくる。子どもたちが楽しみながら意欲的に取り組めるよう子ど

　もたちの意見を参考にしたりあらかじめ動物カードなどを用意してお
くことも有効である。

クマ

カエル

クモ

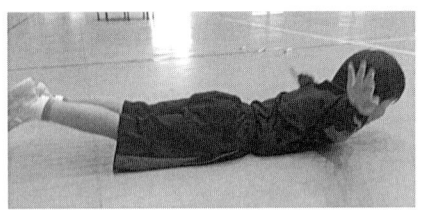

アメンボ

2　移動運動の遊び

（1）【運動名：ケンケンパ遊び】

◎体力要素：敏捷性、巧緻性、平衡性

◎ねらい：片足で地面に立ちバランスをとることは移動運動の代表とな
る「走る」動作を正しく行う上でとても重要な要素である。片足で何
度もジャンプを繰り返すうちに脚筋力や動的バランス能力の向上が見
込める。

◎運動方法：輪っかを置いたり地面に丸を書くなどしてケンケンパをす
るためのコートを作っておく。丸が一つであれば片足で「ケンケン」、
横に並べて二つ丸があれば両足を広げて「パ」といった具合に思い思
いにコートを作っておく。連続した輪の並びはまっすぐでも曲がって
いても構わない。コートが出来上がれば輪っかの中をテンポよく片足
や両足でケンケンパをしながら進んでいく。

◎ワンポイント：動きになれてくればじゃんけんを取り入れたケンケン
パじゃんけんという遊びも子どもには大人気である。あらかじめ両端
に並んだ状態からスタートの合図でケンケンで前進し鉢合わせたとこ
ろでじゃんけんをし、勝った人はさらに進む。負けた人のチームは次
の人がスタートしていく。相手チームまで辿り着いた方が勝ちとなる
対抗戦形式のゲームである。

（2）【運動名：新聞紙ダッシュ】

◎体力要素：敏捷性、巧緻性

◎ねらい：からだを動かすこと自体が楽しい！と感じる運動欲求は誰しもが持ち合わせていると考えられている。ただ生活環境や子ども自身の性格によっては自分をうまく表現できずに積極的に体を動かすことが苦手な子どももいるだろう。新聞紙という身近にあるツールを使うことでゲーム性が生まれ運動欲求を刺激するきっかけになる運動遊びである。

◎運動方法：新聞紙を一枚準備する。最初は新聞紙を手で押さえてお腹の前あたりで持っておく。準備ができればゲームスタート。「よ〜いドン」などの合図で走り出し新聞紙が落ちないように全力でダッシュする。早く走ることができれば風圧で新聞紙がからだに張り付き落ちずにゴールできるが、遅いと新聞紙が落ちてくるのでスリルのある運動遊びである。

◎ワンポイント：慣れてくれば直線だけでなくカーブなども加えてリレー形式にするなど工夫して行ってみるとよい。

↑新聞紙ダッシュ

↑直線でなくカーブやジグザグなど動きにバリエーションを持たせることも有効

（3）【運動名：チューリップ】

◎体力要素：柔軟性、巧緻性

◎ねらい：冬に行うなわとび遊びの導入で行うとよい運動遊びである。まだなわとびを跳ぶということができない子にはまず縄自体に慣れる、親しみを持つことで縄に自分から触れる頻度を増やしてあげることが導入段階では大切である。

◎運動方法：二つのロープを準備し二人で両端を持ち構える。チャレンジする人は順番に並んでおき後ろを向いておく。

　①全員で「チューリップ、チューリップ、うえか、し〜たか、まんなかか？！」と歌い、ロープを持っている人は好きなようにロープを動かし歌が歌い終わるときに手をとめロープを固定する。

　②チャレンジする人は「上」「下」「真ん中」のどれかを大きな声で言う。このときチャレンジする人は後ろを向いて決めているのでロープを見ず言うことになる。

　③チャレンジする人はロープを持っている人に「いいよ」と声をかけられれば前を向き、自分が選んだロープの場所をジャンプしたりくぐるなどして通り抜ける。ロープに体が当たってしまった場合はロープを持っている人と交替する。

◎ワンポイント：慣れてくればロープを持つ役を子どもたちに任せたりロープの数を増やしたりするのもよい。

（4）【運動名：コーン倒しゲーム】

◎体力要素：敏捷性、巧緻性

◎ねらい：全体の空き缶や仲間、敵の位置を見て瞬時に状況を把握する広い視野。一つでも多くの空き缶に触れるため無駄のなく素早い身のこなし。時間内ずっとパワフルに動き続けることのできる体力など様々な能力が必要となる運動遊びである。友だちとぶつからずに動くことができるようになる練習にもなる。

◎運動方法：空き缶やコーンなど10〜30個程度用意する。次に用意した空き缶などをバラバラに広げて立てて置く。友だちとぶつかることもあるため広げて置いておく物はある程度間隔を広げて置いておくとよい。ここまで準備ができたらチーム分けを行う。空き缶を倒していくチームと立てて直していくチームに分かれる。

　「よ〜いドン」などの合図で空き缶を倒す側のチームは立ててある空き缶を手で触りどんどん倒していく。立て直していくチームは空き缶をどんどん立て直していく。制限時間を決めておき一分間などあらかじめ決めた時間が経過したらそこでストップする。空き缶の立っている数と倒れている数を数えて多いチームが勝ちとする。

◎ワンポイント：参加する人数が多く地面が素足や靴下でも平気な場所なら自分たちの履いている靴でも代用可能である。

3　操作運動の遊び

（1）【運動名：新聞紙玉入れ】

◎体力要素：巧緻性

◎ねらい：操作運動の代表格となる「投げる」動作の導入としてオスス
メの運動遊びである。ボール遊びとなると室内で行うことがスペース
的に困難な場合もあるが新聞紙ボールであれば室内でも比較的実施が
しやすいかと思う。またボールをカゴに入れるためにはボールを投げ
る力加減やカゴまでの距離感を測る定位能力が求められる。こういっ
た能力は何度もボールを投げていく中で培われるため運動頻度の保証
という意味でも有効だと考えられる。

◎運動方法：新聞紙を丸めて玉入れ用の球を作っておく。ほどけてしま
うようならテープなどで周りを固めると投げやすくなる。次に玉入れ
に使用するカゴの準備と球を投げ入れる場所を決める。輪っかや線、
マーカーを置くなどして投げる位置を決めておく。

　　最初は近いところからチャレンジするようにする。入れることがで
きれば今度は少し離れたところから投げるようにしていく。

◎ワンポイント：投げる場所によって点数を変えたりカゴの大きさや置
く場所を高くしてみるなど工夫してみることで子どもたちは楽しんで
繰り返し運動することができる。

（2）【運動名：ぐらぐらコップゲーム】

◎体力要素：巧緻性、平衡性

◎ねらい：とてもシンプルな遊びだが「バランス」「移動」「道具の操作」などといった運動要素が含まれている。身近な物を組み合わせることでいろんな運動遊びができるというヒントを子どもたちに与える意味合いも持っている。子どもたち自身が遊びを考えだすようになれば自ずと運動頻度、運動量が高まっていくだろう。

◎運動方法：

①落とさず移動せよ！

　　コップと柔らかめのボールを準備する。コップを持ちその上にボールを乗せて落ちないように歩いてみる。ボールを落とさずに歩くことができれば、ルールを決めて友だちや両親と勝負する。「あそこの壁にタッチして元いた位置に早く戻ってきた方が勝ち」などとルールを決めて行う。

②コップにパコ！

　　ボールを自分で投げ上げコップでキャッチをする。うまく「パコっ」とコップでキャッチできれば成功。けん玉のようにコップの底をに一度当ててキャッチなど工夫してみるのもいい。

◎ワンポイント：うまく歩けるようになればジャンプやスキップを入れてみたり、障害物をよけたりと場を工夫したり条件を加えるなどするとさらに楽しみながら取り組める。

（3）【運動名：ラップ芯シュートゲーム】

◎体力要素：巧緻性

◎ねらい：投げる動作習得のための導入教材としてオススメの運動遊び
である。ボールを遠くに投げたいときにはうまくボールに力を伝える
ことが大切である。ラップ芯を遠くへ飛ばすことも同様。ポイントを
おさえながら何度も繰り返し行ううちにラップ芯にうまく力を伝える
ことができるようになってくる。

◎運動方法：ラップの残り芯など筒状のものとタコひもを用意する。
（ペットボトルなどを使用する場合は底に穴を開ける必要がある）次
に片一方の紐の端を少し高めの場所にくくりつけておき、もう一方は
しっかり持っておく。

　ラップ芯を持ちその手を後ろに大きく引き、その手と反対となる方
の足を大きく一歩前に出し構える。後ろに引いた足から前の足へ重心
を移動させながらからだ全体を使って一気に投げる。からだ全体を
使ってうまく投げることができれば遠くへ飛ばすことができる。

◎ワンポイント：紐に色をつけるなど目印をつけ遠くへ投げることがで
きた点数を競ったり工夫をしてゲーム感覚で行ってみるとよい。

（4）【運動名：爆弾ゲーム】

◎体力要素：巧緻性、敏捷性

◎ねらい：集団であっても一人一人がボールを投げる頻度を確保することができることがこの運動遊びの大きな特徴である。またネットを超えるボールを投げようとすると斜め上を見たり肘の位置が高くなるため、意識せずともオーバーハンドスローを行う上でのポイントを実践することにつながると考えられる。

◎運動方法：新聞紙ボールを相当数、また両チームの間にひくネットを準備する。ネットが低すぎると危ないので子どもたちの身長よりは高さを出すようにする。

①ネットを境に二チームに分かれボールを一人三つボールを持った状態で合図を待つ。

②「よ〜いドン」などの合図で持っているボールを一つずつ相手コートへ投げ入れる。

　このときボールは一つずつ投げるようにする。

③「おわり〜」などの合図で手を止め、自分のコートに落ちているボールを集めて仲間と一緒に数を数える。

　　相手チームと比べてボールの数が少ない方が勝ちとなる。

◎ワンポイント：様々な色のボールを準備し色ごとに点数を変えるなどしておくことでゲーム性が生まれる。子どもたちとも相談しながらオリジナルルールを作ってみるとよい。

■ 第2章　家庭でできる親子運動遊び ■

1　親子での運動遊びの重要性

　幼児期における家庭での教育は、子どもの人間形成に大きな影響を与えるとされる。毎日の生活の中で様々な経験や多様な遊びなどを通して成長し発達していくのである。

　今回注目するところの親子での運動遊びは、子どもの一番身近な存在である親との関わりが子どもの生活を送る日常の中でより豊かな心身の発育や発達を促し、柔らかな感覚での人間形成確立を育むために重要な役割を果たす手段の一つとして大いに期待できるものである。親と子が肌と肌のふれ合いを通して運動遊びを行うことは親子間での愛情に触れ、同時にお互いに交わす言葉でのコミュニケーションとともに、気持ちの通じ合いが生まれ、強い絆で結ばれるきっかけとなる。さらに多様な動きを含む親子運動遊びの中で、親と子が手と手を取り合い、お互いのからだに触れる・つかむ・押す・引くなどの動きを通して、直に触れ合う動きの中から生まれる運動遊びは、親に抱かれたい、触られたいという本能的な欲求をも満足させてくれる充実した時間として、以後の子どもの活動意欲を高めることに繋がり、幼児期の心身の発育発達に好ましい影響を与えると考えられる。

　このことから親子での運動遊びには、肌で触れ合うことの大切さやそこから生まれる信頼感を感じることができるリズムよい動きを取りあげ、特別な場所や時間や空間を必要としない身近な環境の中で取りくむことができるプログラムを紹介する。

2　親子運動遊びの種類

　親子運動あそびのプログラムを3つの類別でわけた。

（1）「スキンシップ遊び」肌のふれあいを通してスキンシップを重視した運動遊び

　親子の肌の触れあいをテーマにした運動遊びである。日常の生活の中に出来る少しの空いた時間に、気軽に取り組みやすいものを取り上げ、調整力の向上をねらう運動遊びである。普段の生活の中、例えば、リビングでくつろぐ時間に出来るものである。

【運動名：飛行機ブーン】
◎体力要素：巧緻性・平衡性・からだを支える力
◎ねらい：親が子どもの体重を感じて支えること
◎運動方法：親が仰向けになり子どもを持ち上げる
　子どもは上で手足を伸ばす
◎ワンポイント：足で支える場所はおなかではなく、腰骨の辺りにする
　すねで持ち上げてもよい

【運動名：ぺったんこ体操】
◎体力要素：平衡性・柔軟性・からだの支持力
◎ねらい：子どもの体重を支えること・からだの柔らかさを感じること
◎運動方法：親の背中に乗って出来るだけ
　からだを伸ばす
◎ワンポイント：子どもの体重をしっかり
　と受け止める
　子どもが足を伸ばせることを確認する

【運動名：まるたのり（サーフィン）】

◎体力要素：平衡性・巧緻性

◎ねらい：バランスよく乗ることで足裏の感覚を養う

◎運動方法：うつ伏せになった親の上に子どもが立ってのぼる

　　上手く乗れるようになったら少し横揺れして落ちる落ちないを楽しむ

◎ワンポイント：うまく乗れる場所をお互いが模索しながら見つけることが大切である

【運動名：ジェットコースター】

◎体力要素：平衡性

◎ねらい：同じものを見て体感することでからだの使い方を知る

◎運動方法：親子が同じ向きで座って抱っこし、手を握る

　　ジェットコースターの要領で上に向いたり横に倒れたりすることで落ちそうで落ちない楽しさを味わう

◎ワンポイント：同じものを見ている気持ちで効果音などを共有することが大切

　　からだを少し離すと支える力の育成に繋がる

【運動名：ワニパックン】

◎体力要素：敏捷性

◎ねらい：顔を合わせた遊びでお互いの間合いを楽しむ

◎運動方法：親子で向かい合い、お魚とワニの模倣する

　　おなかをつつくお魚はワニに食べられないように逃げる

　　ワニは大きく口を開けて誘い込む

◎ワンポイント：フェイントなど使い、素早く動くことを楽しむ

【運動名：ボクシング】

◎体力要素：巧緻性・敏捷性

◎ねらい：うまくからだを使うことを楽しみながら覚える

◎運動方法：親のこぶしを軽く・素早くタッチする

　　こぶしの位置を変えて当てにくさも楽しむ

◎ワンポイント：叩くのではなくタッチするというイメージの共有をす

　　ることで動きの細やかさを覚える

【運動名：真剣白刃取り】

◎体力要素：巧緻性

◎ねらい：タイミングよく動く楽しさを知る

◎運動方法：子どもが親に向かって手を振り下ろし、切りかかる

　　それを親が両手ではさみ、受ける

◎ワンポイント：上手くタイミング合わせて見事にキャッチできるよう

　　にする声かけが大切

【運動名：おんなじジャンケン】

◎体力要素：敏捷性

◎ねらい：見たものに合わせて自分を動かすことができるようになる

◎運動方法：親子でジャンケンをする

　　違うものが出たら親と同じものに素早く変更する

◎ワンポイント：素早く合わせるための声掛けが大切

【運動名：ジャンケンタッチ】

◎体力要素：敏捷性・コーディネーション力

◎ねらい：見たものに対してのリアクションを楽しむ

◎運動方法：左手繋いでジャンケンポン

　勝ったらタッチ、負けたら受ける、あいこはハイタッチ

◎ワンポイント：上手く呼吸を合わせて良いタッチが出来るように

（2）「バディ遊び」親子で協力することで出来る運動あそび

　親子でパートナーを組んで遊ぶ運動遊びをバディ遊びと呼ぶ。バディとはダイビングなどで使われる用語で、安全性の向上を高めることで、楽しみを深めることをめざし、利便性の向上もはかるシステムのことで、親子の信頼関係をテーマとした遊びに例えることができるものと考える。

　運動刺激を強く出した遊びとして紹介する。ただ単に楽しく運動することだけではなく、子どもの発達段階に応じた安全性や利便性を親が運動する際に考慮していくことで子どもの運動能力・調整力の発達や向上に効果を期待するものである。特にこの運動遊びではからだを支えることが多く含まれるため、お互いを理解し、より協調性に富んだ調整力を体感し、身につけていく礎になることを期待できるものである。

【運動名：トンネル】

◎体力要素：巧緻性・平衡性

◎ねらい：親のからだを存分に感じることができて運動刺激を促す

◎運動方法：親が四つ這いで子どもが登ったり、くぐったりする

◎ワンポイント：登る時はしっかりと手で服などを掴む、足で支える
　　くぐるときは腹ばい・高這いなどトンネルの大きさを工夫することで
　　運動刺激が変化する

【運動名：コアラまわり】

◎体力要素：巧緻性・柔軟性・筋力

◎ねらい：しっかりとつかまることで全身運動となる

◎運動方法：親は手足を広げて構える。子どもが手足を使って自分の力
　　で親のからだを一周する

◎ワンポイント：しっかりと掴むことを声かける
　　親は、手がかり足掛かりのために腕や足を広げて構える

【運動名：ペンギン歩き】

◎体力要素：巧緻性・コーディネーション力

◎ねらい：協調性を育み、運動を楽しむ

◎運動方法：親の足の上に子どもが乗り一緒に歩く

◎ワンポイント：タイミング合わせに声をかける

　　段差を超えるなどをすると変化が楽しめる

【運動名：グーパージャンプ】

◎体力要素：敏捷性・リズム感

◎ねらい：リズム感を楽しむとともに協調性も育てられる

◎運動方法：親が長座の姿勢で足を閉じたり開いたり、子どもは足を踏

　　まないようにタイミングよく跳ぶ

◎ワンポイント：声かけなどでタイミングを合わせ、リズムよく跳ぶ

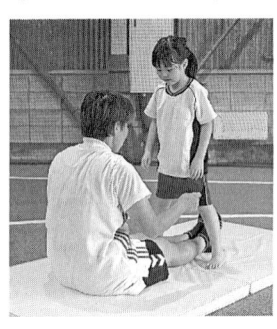

【運動名：ひざヨット】

◎体力要素：平衡性・巧緻性

◎ねらい：うまく乗る、支えることで運動を楽しむ

◎運動方法：両手を繋ぎ、膝の上に乗る。
　背中を反らせたり、片手、片足離したりする

◎ワンポイント：正座から始めて安心感がある中でリズムよくする
　慣れたら椅子などで高さに変化をつける

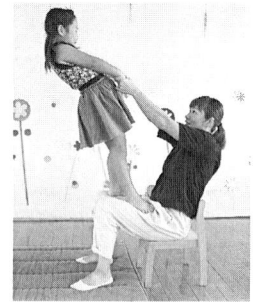

【運動名：ひざのり】

◎体力要素：平衡性

◎ねらい：自分のからだをうまく支えることでバランス感覚を楽しむ

◎運動方法：親の膝の上に座る
　足を伸ばして前にあげバランスをとる

◎ワンポイント：腰を支えてバランスを
　とりからだの支持を促す

【運動名：人工えい星】

◎体力要素：リズム感・敏捷性・巧緻性

◎ねらい：タイミングを合わすことでお互いのからだをうまく使う

◎運動方法：両手を繋いで立ち、リズム良くタイミングを合わせてジャンプする

　うまく跳べたら、ジャンプの後、回転移動する

◎ワンポイント：親が力強く引っ張り上げるのではなく、タイミングを合わせてフワリとうまく跳ぶ

【運動名：親子かかし】

◎体力要素：平衡性・巧緻性

◎ねらい：お互いのバランス力を合わせることを楽しむ

◎運動方法：親は片足をあげ、腿の上に子どもを乗せる

　子どもは両手両足を広げてポーズを決める

◎ワンポイント：タイミングを合わせてポーズを決める背中を持たれないで支えることが大切

【運動名：ひざサボテン】

◎体力要素：平衡性・巧緻性

◎ねらい：からだを巧みに使い運動を楽しむ

◎運動方法：ひざの上で両手を広げてポーズを決める

　　少し前に傾いてとまる

　　手を放し前に飛び出して着地する

◎ワンポイント：ひざの上で行うことで高さへの不安をなくすことが気

　　持ちよくポーズを決めるコツ

（3）「グッズ遊び」身近な道具を使って遊ぶ運動あそび

　操作系に着目した運動遊びに使える道具（グッズと呼ぶ）は、実に様々なものがある。運動遊びの目標の一つである「戸外で遊ぼう」という観点からすると、自然界にある、ありとあらゆるものが遊び道具になる可能性があり、その工夫ができることが「子どもは遊びの天才」といわれる由縁のひとつである。しかし、近年の社会環境の変化により、安全に便利に子どもたちだけで遊ぶことができる自然環境は激減している。そこで今回は普段の生活の中で身近に用意しやすいものとして「タオル」「風船」「ボール」に着目した運動遊びを紹介する。これらの遊びを通してグッズを使う力を養うことができることをめざす。

【運動名：タオル投げ・キャッチ】

◎体力要素：巧緻性

◎ねらい：身近なもので楽しく遊ぶ

◎運動方法：タオルを投げて、キャッチする

◎ワンポイント：ふわっと投げることで予期
　しない変化を見せ楽しめる
　丸めて投げるのも楽しい

【運動名：タオルで綱引き】

◎体力要素：筋力

◎ねらい：全身を使って力を出
　すことを楽しむ

◎運動方法：タオルを使って両
　端を持って綱引きをする

◎ワンポイント：しっかりと握
　り、手だけでなく全身を使っ
　て引っ張る姿を見せる

【運動名：ボール綱引き】

◎体力要素：筋力

◎ねらい：全身を使って力を出すこと
　で楽しむ

◎運動方法：一つのボールを二人で
　引っ張り合う

◎ワンポイント：しっかりと腰を落と
　すことが大切

【運動名：ふわふわキャッチボール】

◎体力要素：巧緻性

◎ねらい：風船を使うことで楽しく運動を体験できる

◎運動方法：風船を使ってキャッチボール

　手ではじく・足で蹴るなど様々な部位で楽しむ

◎ワンポイント：落ちてくるまでしっかりと、風船を見ることを伝え、

　タイミングをとるように声をかける

【運動名：背中合わせでキャッチ】

◎体力要素：巧緻性

◎ねらい：見えないところからくることを楽しむ

◎運動方法：背中合わせで風船をパスする

◎ワンポイント：タイミング合わせること、上を向いて風船を待つこと

　が大切であることを伝える

参考文献

デビット・L・ガラヒュー　杉原隆（訳）（1999）「幼少年期の体育―発達的視点からのアプローチ」大修館書店

出村愼一（2012）「幼児のからだとこころを育てる運動遊び」杏林書院

日本発育発達学会（2014）「幼児期運動指針実践ガイド」杏林書院

杉原隆・河邉貴子（2014）「幼児期における運動発達と運動遊びの指導―遊びのなかで子どもは育つ―」ミネルヴァ書房

佐々木祐一（2007）「保育園・幼稚園で人気の親子体操」草土文化

東根明人（2016）「子どもの運動神経はジャンケンゲームでみるみる育つ」青春出版社

澤宜英（2016）「幼児期における生活習慣改善のための親子運動あそびプログラムの構築について」香川大学院修士論文

山神眞一（2017）「家庭で毎日できる親子体操」香川県子どもの体力向上支援委員会

■ 第3章　アクティブチャイルドプログラム ■

1　アクティブチャイルドプログラムとは

　子どもたちが楽しみながら積極的にからだを動かせる。それがアクティブ・チャイルド・プログラム（ACPと呼ぶ）である。日本スポーツ協会は、子どもが発達段階に応じて身につけておくことが望ましい動きを習得する運動プログラムとして、ACPを開発した。以来、主に次の4つのテーマについて、実際の指導現場への普及を図っている。

　　○子どもの体力・身体活動の現状や、からだを動かすことの重要性

　　○多様な動きを身につけることの重要性や動きの質のとらえ方

　　○遊びプログラムの具体例として運動遊びや伝承遊び

　　○身体活動の習慣化を促すアプローチとして、ポイントや実践例

　これらは「アクティブチャイルドプログラム」ホームページにも掲載されている。

　さらに近年社会問題の一つとされている子どもの身体活動量の低下や運動離れは、すでに幼児期から起こっていると考えられているなかで、日本スポーツ協会では、「幼児期からのアクティブ・チャイルド・プログラム」をとりまとめ、安心して幼児を指導できる活動プログラムの提供や情報発信にも努めている。

　幼児期は元気に遊んで多様な動きを身につける大切な時期であることを踏まえて、様々な観点・方向から運動をとらえて偏りのない運動方法を取り入れることを心掛ける必要がある。遊びのルールには柔軟性を持たせ、発達段階に合わせた微調整を加えながら、主に調整力（敏捷性・巧緻性・柔軟性・平衡性）の育成に重きを置く活動に留意する。こころの発達や社会性の獲得にも配慮したプログラムを次々と展開していく中で子どもたちが出来るようになったことを増やす。さらに出来るようになったことを充分に認めてあげることで子どもたちが自己効力感や有能

感を育み、運動遊びが楽しい雰囲気をつくっていく。運動遊びは、大切な動きを多様に経験させながらも一定の運動量や活動強度の確保にも努める工夫が必要である。

2　アクティブチャイルドプログラムの種類

　アクティブチャイルドプログラムの遊びとして「運動遊び」と「伝承遊び」を紹介していく。

（1）運動遊び

【運動名：追って追われて】 3人で遊ぶ

◎体力要素：走る力・巧緻性

◎ねらい：追うこと・追われることで走ることを楽しむ

◎運動方法：しっぽを付けて鬼ごっこを楽しむ

　丸く道をつくりその上を走ることで、すぐ前の人を追いかけてすぐ後ろの人に追いかけられる場面をつくる

◎ワンポイント：しっぽの長さを調節して取りやすい長さを見つける

　笛の合図で反対周りにして追いかける人が変わるとさらに楽しい

【運動名：棒は倒さんぞ】3人で遊ぶ

◎体力要素：敏捷性

◎ねらい：タイミングよく動くことで達成することを味わう

◎運動方法：1mぐらいの棒を用意して陣取り棒を立て、3人が一斉に手を離し、隣の棒が倒れる前にキャッチする

◎ワンポイント：棒の離し方とタイミングをよく話し合うことが大切

【運動名：ひらりかわして】多人数で遊ぶ

◎体力要素：投げる力・敏捷性・柔軟性

◎ねらい：投げる力を養うと同時にうまくよけることを楽しむ

◎運動方法：ボール投げる組、走って逃げる組を作る　　走るコースをつくり、その横にボールを投げる場所を決め、投げられるボールをかわしながら走りぬける

◎ワンポイント：軽いカラーボール・新聞紙球などでプレイする　　うまくボールを投げる子、よける子を認めてあげる

【運動名：ヨーイ！綱引き！】10人程度から多人数で遊ぶ

◎体力要素：筋力・敏捷性

◎ねらい：協力することで発揮される力を楽しむ

◎運動方法：綱をはさんで2チームが対峙する

　　合図で綱を取り合い、自分の陣地に引っ張りこむ

◎ワンポイント：引っ張りあう力が均衡しているときは引く時間を短く

　　し（10秒程度）、再スタートするほうが楽しい

　　奇数本の綱を用意して取り合うとゲーム性が高まる

（2）伝承遊び

【運動名：どかーんジャンケン】少人数から多人数で遊ぶ

◎体力要素：敏捷性・巧緻性

◎ねらい：走ること触ることで楽しむゲームである

◎運動方法：線の上を端から2チームの子どもが走り寄ってくる

　　出会い頭に「どかーん」の声と共に両手でタッチをして止まり、すぐ

　　ジャンケン

　　勝ったら進み、負けたりあいこは次の人

　　と交代

　　前の人が負けたら次の人が進み、相手陣

　　まで進むと勝ち

◎ワンポイント：ジャンケンのたびにアク

　　ションをテンポよく声をかける

　　走るコースを曲げるなど工夫する

【運動名：ねことねずみ】少人数から多人数で遊ぶ

◎体力要素：敏捷性

◎ねらい：瞬時に代わる役割を楽しむ

◎運動方法：ねこグループねずみグループに別れて並ぶ

　「ね、ね！ねこ！（ねずみ！）」の声と共に呼ばれたチームが呼ばれていないチームの子を追いかけてタッチする

◎ワンポイント：スタートの瞬間の切り替えを楽しむゲームなので、追いかける距離は10歩程度でよい

【運動名：大根抜き】多人数で遊ぶ

◎体力要素：筋力

◎ねらい：力を合わせて取り組むことを楽しむ

◎運動方法：大根チームと百姓チームに分かれる

　大根チームは背中合わせで輪を作り、腕を組み足を伸ばして座る

　はじめの合図で百姓チームが大根に見立てた足を引っ張って抜いて外に出す

◎ワンポイント：筋持久力には限りがあるので時間は短くし（20秒ほど）、交代を繰り返すほうが楽しい

【運動名：言うこと一緒やること一緒】多人数で遊ぶ

◎体力要素：巧緻性・跳躍力・協調性

◎ねらい：友達と同じ動きをすることを楽しむ

◎運動方法：リーダーが「言うこと一緒、やること一緒！」「前！」のコールの後、子どもたちが「前！」とコールして前に跳ぶ

「前」「後ろ」「右」「左」などコールを変える

「言うこと一緒→やること反対」「言うこと反対→やること反対」などコールを変化させる

◎ワンポイント：コールの意味をうまく伝え、全員が完遂することをめざす

【運動名：すもう遊び】２人で遊ぶ

◎体力要素：平衡性・巧緻性・筋力

◎ねらい：お互いのからだを使って楽しむ

◎運動方法：二人組で押し相撲・引き相撲をする

◎ワンポイント：押したり引いたりの駆け引きを伝える

【運動名：鬼ごっこ（バナナ鬼）】多人数で遊ぶ

◎体力要素：敏捷性・巧緻性・走力

◎ねらい：鬼ごっこにアクセントをつけて遊び方の工夫をする

◎運動方法：鬼が子を当てると子はバナナになる。

　バナナの皮をむくと子は復活し、再度参加出来る

◎ワンポイント：場所と人数の都合で鬼の人数を決める

　多過ぎず少な過ぎず

　バナナの皮むきの工夫をする

　　①一人で2枚皮を剥く

　　②一人で1枚皮を剥くもう一枚は他の人

　　③二人一緒に皮を剥く　　　など

参考文献

アクティブチャイルドプログラムホームページ

　https://www.japan-sports.or.jp/Portals/0/acp/

佐藤善人（2015）「APC子どもの心と体を育む楽しいあそび」ベースボール・マガジン社

福林徹ほか（2010）「アクティブチャイルドプログラム」公益財団法人日本体育協会

富田寿人ほか（2015）「幼児期からのアクティブチャイルドプログラム」公益財団法人日本体育協会

第Ⅳ部 幼児期の運動遊びにおけるケガと予防を探る

■ 第1章　幼児期の運動遊びによるケガ　■

　幼児期には運動の能力が著しく向上し少し前にできなかったことが急にできるようになることもある。また年齢が上がるほど活動する環境もより広がりケガや事故つながりやすくなる。気がつけば目の前からいなくなったり、大人の目の届かない子どもだけの活動になったりすることも考えられる。まわりのさまざまなものに興味を示し時には経験や学習されていない新たなことにチャレンジしようとすることもある。体の面でも環境の面でもケガが起こりうる可能性が大きく命にかかわるケースも考えられる。子どものケガについての特徴を理解した上で、如何にケガに備えるための経験や学習の機会を設けるかについて考えてみる。

1　ケガの起きる状況

　幼児期には園また自宅で多くの時間を過ごす。自宅では平らな空間以外はケガが起きる可能性があり「ぶつかる」「たおれる」「つまずく」「すべる」「おちる」などによるケガが起こる。また園の移動や外出などでは自宅のようなケガに加えて車やバイク、自転車などの移動するものに衝突することもある。園では環境を整備し危険な要素は排除しているはずだが転倒や転落が起きる。更にプールや風呂でも不測の事態が起こりケガや事故に結び付く。

2　ケガの種類

　幼児期にケガが起きる状況を考えると転倒や転落、衝突による打撲、

骨折などが考えられる。また家の風呂やプールなど水遊びの場合には呼吸に関しての事故も起きているようである。

3　ケガの部位

　幼児のケガの部位についてのさまざまな報告から推察するに幼児期のケガは頭や顔をけがすることが多いようである。予防のために現状を子どもの目線で分析しもしケガが起きれば原因を精査するなどの予防や対策がとても重要となる。

【頭や顔】
　　○転倒により顔や頭が切れる、裂ける、擦る
　　○何かに頭をぶつける
　　○おふろやプールで息ができなくなる

【肩や腕】
　　○手の指をついてしまう
　　○手や手指が切れる、裂ける、擦る
　　○肘や肩をうつ
　　○肘や肩がぬける
　　○転倒や転落・衝突により骨が折れる
　　○曲がる、捻る、伸びるなどによるケガ

【胸やせなか、腰】
　　○転倒や転落などによる打撲や骨折
　　○切れる、裂ける、擦る

【足】
　　○切れる、裂ける、擦る
　　○転倒や転落などによる打撲や骨折
　　○曲がる、捻る、伸びるなどによるケガ

4　ケガと体力について

　運動や遊びにより体力が向上すれば多くのケガを引き起こす要因を減らすことができる。更に多くの経験や学習を積み重ねることでケガしないように予測して行動できるようになる。幼児期の積極的な運動遊びの取り組みはケガの予防に結び付く。

（1）筋力

　筋力とケガは深く関わりあっている。広く取り上げられているのが「ハイハイ」である。「ハイハイ」の経験がないまたは少ない子どもが倒れた時に手が出ないまた手が出ても支えることができず、頭や顔を痛めてしまうという事例が多く起こっている。子供用歩行練習器を使うことでハイハイの経験が少なかったり、まわりの大人がすぐに抱きかかえ自立の移動が少なかったりなどが原因に挙げられている。ある程度腕で体を支えるための運動が経験されていれば、腕の筋力も向上しており倒れたときに手で床を押さえることができ頭や顔をケガしなくて済むのである。また転落する状況はさまざまであるが、何かにつかまることができれば転落を防ぐことができる。更に転落する途中に何かに触ることができれば、落下速度が減少し大きなケガを防ぐことができるかもしれない。ものに捕まるとか握ることができれば、ケガを防ぐことができる可能性が高くなり握力や腕力の向上はケガのリスクの低下につながるようである。

　最近、トレーニングの分野でコアトレーニングという言葉がよく使われる。コアとは体の幹のことであり主にお腹や背中腰などの部位のことを示している。その部位を鍛えることがコアトレーニングである。スポーツ選手や成人のトレーニングと考えられがちであるが幼児にとっても重要である。世の中に公園などが整備されていない時代は多くの子どもたちは山や海川で遊んでいた。現在ではさまざまな問題があり同じよ

91

うな状況で運動させることは難しいようである。しかしながら以前の多くの子どもは自然の中で登る、下る、くぐる、超える、持ち上げる、押すなどを繰り返し幼児期においても体をささえるための筋力が維持向上できていたようである。

　足の筋力は移動のためにはとても重要である。特に幼児期には自分の体をしっかり支えることができる能力が必要だと考えられる。速く走るとふらふらしたり、急に止まったり、方向転換するとつまずいてしまうというのも足の筋力不足が考えられる。また筋力があることで不安定なところでも体をしっかりささえたり、不規則で不安定な状況でも上手く移動したりすることができる。

　また運動を強くしたり繰り返したりすることで筋や関節に関係する腱や靭帯が強くなる。幼児期には大人のような強靭な組織はつくられないが筋活動を積極的に行うことで体を支えたりケガを防いだりするための腱や靭帯の強さが備わってくるのではないかとも考える。児童期のスポーツ障害で肩や肘、膝などを痛めることがある。幼児期から成長とともに腱や靭帯の強度が上がっていれば児童期のスポーツ障害を防ぐことができる。

（2）素早さ

　素早さとは体力要素の敏捷性や瞬発力を表している。腕の筋力があれば転倒時に手をついて頭や顔のケガを予防できることを先に述べた。ただ、素早く手をつくことができなければいくら筋力があっても頭や顔のケガを防ぐことはできない。素早さと筋力が備わってはじめてケガを食い止めることができるのである。

　また瞬発力があれば短い時間に大きな力を出すことができる。ケガが起きそうな場面で何かを押したり、払いのけたりできれば危険を回避できる。大きくジャンプして飛び越えたり素早く移動してよけたりするこ

とができれば衝突なども防ぐことができる。体を素早くコントロールすることができればケガを防いだり、程度を軽くしたりすることができるようである。

（3）柔軟性

　幼児期を過ぎ児童期になると特に筋肉の柔らかさが問題となり痛みやケガが起きることがある。幼児期に筋肉が硬くなることで痛みが出るということはあまり見られないが、児童期への移行を考えれば体を柔らかくまた柔らかさを維持することはとても大切である。

　体操の内容にブリッジという床の上で仰向けになり両手と両足をついて腰を持ち上げるという動作がある。幼児に運動指導しているとその中にブリッジが苦手な子どもがいる。お母さんに尋ねるとほとんどの場合、乳児期に「ハイハイ」の時期が短かったとか他の動作で移動していたという答えが返ってくる。幼児期の「ハイハイ」の頻度は体の後屈（うしろ方向）の柔らかさに影響しているようである。転倒時に手をつくということや背中の柔軟性のことからも「ハイハイ」のような運動の経験はとても大切だと考えられる。

　体が柔らかいことで転倒や転落時の衝撃を緩和させることもできる。足がしっかり開いてつまずかずにすんだとか手が大きく伸びてつかまることができ転落を防げたということも想像できる。柔らかく体を操作することがケガの回避に結び付く。

　肩関節や股関節の可動域が非常に大きいアスリートがいる。とくにトップアスリートの中には一般の可動域から考えられないような動きができる選手もいる。幼児期からの柔軟性の維持や向上が、ケガを防ぎ高い技能を持ち合わせたトップアスリートへの近道である可能性も示唆される。

　幼児期に極端に体が硬い子どもはみられないが児童期には稀に見受け

られる。幼児期の運動の取り組み方次第では児童期の柔軟性の低下を防ぐことができるのではないだろうか。

（4）巧緻性、協調性

巧緻性とはたくみに体を操るということで筋と神経、脳に関係する。児童期のスポーツ活動において投げすぎ、走りすぎなどのオーバーユースでの痛みが起こる。野球選手の中には投球フォームが問題となり肩や肘を痛めてしまうことがある。走り方が悪くて足首や膝が痛くなることもある。幼児期にさまざまな動作を経験し効率の良い巧みな動作を習得していれば痛める確率を減少させることができるのではないだろうか。巧みに動けることでケガを回避できたということもそうであるが、走る、跳ぶ、投げる、捕る、蹴る、打つなどを幼児期に遊びの中で繰り返すことでより洗練された動きを身につけることも先での予防に直結するようである。

（5）バランス（平衡性）

幼児のケガには転倒や転落の割合が多くなっているがバランス能力が高ければ倒れたり落ちたりすることを防ぐことができるかもしれない。幼児期に体の傾きや方向をしっかりコントロールして不安定な状況でも体を支えたり移動したりする訓練ができるようにバランスの向上につながる遊びを取り入れるべきである。

（6）スタミナ（全身持久力、筋持久力）

持久力とは循環や心肺機能に関係する持久力と筋肉を用いて動作を繰り返す筋持久力を表している。ある程度の距離を移動できたり、ある程度の時間運動を継続できたりなどの能力はその後の生活やスポーツ活動を行う上ではとても重要になってくる。またそのような能力があれば遊

びや運動中の集中が持続しケガを防ぐことができる。反対に持続的に活動できなければ痛みを感じやすくなったり疲労が出れば意欲が低下しケガの危険度が高くなったりする。

　筋肉を繰り返し動かせることができる能力が高いと不安定な状態でも安全に体を操作したり、持続的に体勢をコントロールしたりすることができるため危険を避けられる。

5　ケガの予防のために

（1）遊びの中で体力向上がケガの予防に

　児童期には「スポーツ障害」とか「成長痛」という症状が現れることがある。繰り返しの運動が体の一部に負荷がかかり痛めてしまうという現象である。児童期にそのような状況があるということを考えれば幼児期にはトレーニングのような反複動作は良い方法とは言えない。しっかり体を動かせて遊ぶ時間や機会を増やすことが適しているようである。そのことで体力や集中力、注意力が高まりケガの予防につながる。現代の子どもの遊びを取り巻く環境は十分とは言えない。しかしながら体を動かせて遊ぶ時間や機会を増やすためには大人が工夫することでよりよい環境に近づけたり、良くない条件を排除しなければならない。

（2）高い運動能力とケガ

　体力や運動能力とケガについて考えてきたがケガの頻度に必ず結び付くものではないこともある。体を動かせることが少なく運動を敬遠する子どもはあまりケガをしない。逆に運動能力が高い子どもでもまわりの状況を把握せず行動すれば不注意と考えられるようなケガを頻繁に起こすことがある。運動能力さえ高ければ良いということだけでもなさそうである。

（3）大人も経験と学習を

　ケガを100％防ぐことはできるのであろうか。さまざまな状況を想定して「硬いもの」「尖ったもの」のようなただ危険と思われるすべてを排除すれば幼児の経験や学習の機会を減らしてしまうことも考えられる。また「小さなケガが大きなケガを防ぐ」という考え方も否定できない。子どもの動作や行動は予測することがとても困難である。更にどんどん子どもは変化する。目の前の子どもをしっかり観察して大人もケガを防ぐための経験と学習を積み重ねることが子どものケガの発生を０％に近づける近道なのかもしれない。

■ 第2章　幼児期の運動遊びによるケガの予防 ■

1　運動遊びによるケガの予防

　体力が向上すればケガの予防につながる。また運動遊びを通じて多くの経験や学習することがケガを回避する能力を身に着けることにつながる。そこでさまざまな運動をアレンジし楽しく継続して取り組むための運動遊びのポイントを紹介する。

2　運動遊びのポイント

はう運動

【運動について】

　はう動作は腕や足、体幹の筋肉の強化につながる。腕や股関節の特徴的な動きをしなければ前に進めないため体を上手くコントロールする能力も身に付く。股関節の柔軟性の向上などの効果も期待できる。転倒してもしっかり体を支えたり衝撃を緩めたりすることができるようになる。

【運動遊びの工夫】

　　○硬い床や柔らかい床で

　　○速く移動したりゆっくり移動したり

　　○手押し車のように腕をしっかり使って

　　○何かを押しながら進む

　　○低い姿勢で移動する

ぶらさがる運動

【運動について】

　握力や腕力が身に付く。長い時間のぶら下がりや腕の曲げ伸ばしなどで筋持久力が向上する。落下や転落を防ぐことができる。

【運動遊びの工夫】

　　○太い棒、細い棒

　　○ぶら下がったり跳び上がってつかんだり

　　○「わっか」にぶら下がる

　　○大人の手をつかんでぶら下がる

押す運動

【運動について】

　動作によっては腕だけではなくお腹や背中、足など全身の筋力を向上させることができる。押しのけることで衝突を防ぐことができる。

【運動遊びの工夫】

　　○硬いものを押す

　　○柔らかいものを押す

　　○速く押す

　　○押す方向に気をつけながら

　　○低い姿勢で押す

ひく運動

【運動について】

　全身の筋力が向上する。とくに握力や腕力が身に付く。危険なものを排除したり手すりやロープを使いながら安全に移動したりできるようになる。

【運動遊びの工夫】

　　○綱引き

　　○棒を引く

　　○大人の手をひく

　　○握らずに指をひっかけて引く

まわる運動

【運動について】

　体を巧みに操ったり、素早く移動したりする能力がみにつく。体勢をコントロールしたり空間を認識できたりするようになる。転倒してもう

まくまわることで衝撃が押さえられ打撲や擦り傷を防ぐことができる。

【運動遊びの工夫】

　　○急な坂をまわる

　　○自分でまわる

　　○友達に転がしてもらう

　　○まわって坂道を上る

　くぐる運動

【運動について】

　くぐることで全身の筋力を向上させることができる。また低いところや狭いところをなんとかくぐることで柔軟性も高まる。うまくくぐることで危険場所からはなれたり机の下などの安全な場所に素早く非難できたりする。

【運動遊びの工夫】

　　○長い筒をくぐる

　　○くぐったり出たりを繰り返す

　　○足からくぐる

　　○みのむしみたいにくぐる

　降りる運動

【運動について】

　体を調整する能力が身に付く。また着地の衝撃を何度も受けていると筋力も向上する。上手に飛び降りることができれば着地後の転倒や着地時のケガも防ぐことができる。

【運動遊びの工夫】

　　○大きくジャンプして降りる

　　○マットの上におりる

　　○床に降りる

　　○手をたたきながらおりる

登る運動

【運動について】

　全身の筋力強化。体を柔らかく使って登ったり速く登ったりすることで柔軟性や素早さも身に付く。転倒や落下を防ぐ。

【運動遊びの工夫】

　　○木にのぼる

　　○急な坂を上る

　　○壁にのぼる

　　○ボルダリング

走る運動

【運動について】

　速く走ることで足の力がつく。また長く走ることで持久力も向上する。スピードを変えたりさまざまなコースを走ったりすれば体を調整する能力が身に付きつまずきにくくなる。

【運動遊びの工夫】

　　○速くとかゆっくり走る

　　○ジグザグに走る

　　○横向きに走る

　　○砂浜を走る

　　○片足で走る

跳ぶ運動

【運動について】

　跳ぶことで筋力や瞬発力が向上する。大きく跳ぶことで衝突しそうなものから離れたり落下を防いだりすることができる。

【運動遊びの工夫】

　　○高いまた低いものを跳びこえて

　　○ジャンプを繰り返す

　○移動してくるものを飛び越える

　○なわとび

投げる運動

【運動について】

　多くのスポーツで投げるという動作が行われる。幼児期に投げる運動を経験することで上手にできるようになれば児童期以降の肩や肘の投球障害を予防できる。

【運動遊びの工夫】

○大きな小さなボールをなげる

○ねらったところに投げる

○遠くになげる

○近くに素早くなげる

打つ動作

【運動について】

　打つ動作も幼児期に経験しておけば児童期以降の肩や肘、腰のスポーツ障害を防ぐことができる。また何か跳んできたときに払い落として衝突を回避させることもできる。

【運動遊びの工夫】

　○さまざまなボールを打つ

　○遠くに打つ

　○いろいろな道具をつかって打つ

捕る動作

【運動について】

　ボールが跳んできても上手に捕ることができればケガを防ぐことができる。重いものを受け止めたり体を素早く移動させて受け止めたりの運動の繰り返しが動くもの対する恐怖心の払拭にもつながる。

【運動遊びの工夫】

　　○大きな小さなボールを捕る

　　○手で捕る

　　○体全体で受け止める

　　○速く跳んでくるボールを捕る

第Ⅴ部 幼児期の生活習慣病とメンタルヘルスを探る

■ 第1章 幼児期の生活習慣病 ■

1 はじめに

　生活習慣病とは、2型糖尿病や高血圧症、脂質異常症、肥満症などの病気のことをさす。これらの病気は、食事、運動、睡眠、飲酒、喫煙、ストレスなど、普段の生活習慣の乱れが蓄積することによって起こるため、生活習慣病と呼ばれている。生活習慣病は「Silent disease（静かなる病）」ともいわれ、ひどくなるまで病気と自覚されにくい病気である。そして、「メタボリックシンドローム（MetS）」は内臓脂肪症候群のことを指し、内臓脂肪の蓄積によって、高血圧症や糖尿病、脂質異常症などの生活習慣病の重なりが起こっている状態を表す。この状態が続くと、動脈硬化を招き、がんや心疾患、脳血管疾患を発症するリスクを高める。わが国では、生活習慣病が起因する動脈硬化性疾患が死亡原因の中心であり、約6割を占めている。近年では、世界保健機関（World Health Organization：WHO）によって、不健康な食事や運動不足、喫煙、過度の飲酒などが原因で起こる疾患をまとめて、「非感染性疾患（Non-Communicable Diseases：NCDs）」と位置付けられており、世界中で対策が講じられている。

2 生活習慣病って子どもにもあるの？

　生活習慣病は大人だけでの問題ではない。今、子どもの生活習慣病が問題となっている。「小児生活習慣病」と言われ、全国の自治体や学校でも健康教育や食育など予防対策が広がってきている。そもそも生活習

慣病とは、好ましくない生活習慣によって時間の経過とともに脂肪が過度に蓄積され、その肥満によって様々な合併症を起こすものであるとされるが、成人期の生活習慣の悪化が直接の原因だと考えられてきた。しかし、近年の疫学調査や基礎研究により、胎児期の環境因子や幼少期の生活習慣因子も成人期の生活習慣病の発症に関わっていることが明らかとなっている。小児生活習慣病の背景には、大人と同様に「肥満」がある。わが国の小児肥満の数は、1970年代以降、30年間で約３倍に増加しており、現在増加傾向はみられなくなったものの、依然として小児全体の約10％を占めている[1]。さらに、小児肥満の10-20％には、高血圧症、糖尿病、脂質異常症などの合併症があるという調査結果も出ている。子どもでも肥満によって内臓脂肪が増えると、血糖・血中脂質・血圧を上昇させてメタボリックシンドロームを起こすのである。６歳未満の幼児肥満においては、大半が予防に重点が置かれることから別対象となっているが、６〜18歳においては小児メタボリックシンドロームの診断基準が定められている。幼児期のスクリーニングとしては、３歳時健診、５歳児健診があるが、幼児期の肥満症は見過ごされる傾向にある。放っておいても身長が伸びれば自然と普通の体型になるだろうとか、小学校になって運動するようになれば痩せるだろうという楽観的な思いが大人たちの間ではまだない根強いのかもしれない。

3　小児生活習慣病の要因

　小児生活習慣病の要因としては、遺伝子的要因、環境的要因、生活習慣的要因に分けることができる（表１）。

表1　小児生活習慣病の病因

遺伝子的要因
胎児プログラミング
両親よりの遺伝
環境的要因
胎児期：
胎児期栄養不良・栄養過多
母体喫煙・習慣的飲酒
出生後：
遊び場の減少
テレビ・ビデオ・ゲーム機の普及
インターネット・スマートフォンの普及
両親の都合による食事時間・睡眠時間の影響
生活習慣的要因
食事の高カロリー化
間食の増加
運動不足
睡眠不足
親の喫煙の暴露

（井代ら[1]、2017より一部改変）

（1）遺伝子的要因

　遺伝子的要因には、両親からの遺伝のほかに、胎児プログラミングがある。胎児プログラミングとは、胎児期から新生児期にかけて各臓器が形成される過程において、栄養環境によって遺伝子発現が変化し、体質としてプログラミングされることをいう。この時期の栄養環境が、成人後の心疾患などの生活習慣病の発症と密接に関係する。この学説は、1980年代、英国の疫学者Barkerら[2]によって提唱されたことに始まり、長年の研究を経て、近年では胎児プログラミング説から発展したDOHaD（Developmental origins of health and disease：成人疾患胎児起源説）理論[3]が注目されている。胎児期や新生児期の環境が悪かった場合、遺伝子学的メカニズムであるエピジェネティクスが変化して、成人後に病気になるリスクが高くなるのである。

（2）環境的要因

　DOHaD（ドーハッド）の観点でみると、胎児期の低栄養または高栄養やストレス、母体喫煙などの環境因子が、出生後の生活習慣病をはじめとするNCDs（エヌシーディーズ）の発症リスクを高める。ここでは、胎内栄養環境がなぜ生活習慣病の発症リスクを高めるのかについて、胎児プログラミングとともに解説する。

　まず、幼児期以降に過体重・肥満になりやすい子どもの背景として、低出生体重（2,500g未満）があげられる[4]。以前は、妊娠糖尿病や妊娠高血圧症を防ぐために、妊婦の肥満を減らすことに重点が置かれ、「小さく産んで大きく育てよう」というのがよいとされていた。また、出生体重が少なめだった場合、親はがんばって少しでも早く標準体重まで増やそうと努力されるものである。しかし、胎内で「低栄養」に曝された胎児は、エネルギー効率のよい脂肪を蓄積することがプログラミングされる。反して、出生後の栄養環境が良好な場合、エネルギーを蓄積しやすい児はむしろ出生後に過剰な脂肪蓄積を起こしやすくなるのである。そもそも低出生体重児が生まれる背景には、母体のやせの問題がある。現代の日本では、ダイエット志向の高まりによる若い女性の低体重化が問題となっている。平成27（2015）年の国民健康・栄養調査[5]によれば、BMI18.5未満の女性のやせの割合は、20歳代で22.3％、30歳代で15.5％であり、日本では20〜30歳代のやせが目立っている。すべての低出生体重児がやせのお母さんから生まれてくるわけではないが、母体のやせは胎内の低栄養を招き、低出生体重児を出産する可能性が高くなる。通常、妊娠中の体重増加が7kg未満になると低出生体重児を出産するリスクが高まるが、BMI19.5未満の妊婦の場合は10kgまで体重が増えても低出生体重児の出生割合が非常に高いことが報告されている。

　一方で、「高栄養」も胎内栄養環境に大きな影響を及ぼす。母体の過体重や妊娠期糖尿病によって胎内で高栄養状態（脂質過剰供給状態）に

曝された場合、高出生体重児（4,000g以上）となり、将来の生活習慣病リスクに関与するNCDs<ruby>エヌシーディーズ</ruby>の基盤となるリスクを持つとされる[6]。

　そのほかにも、母体喫煙では出生体重が300-400g減少することや、出生後の成人肥満のリスクが上昇することも知られている。母体の習慣的な飲酒は、子宮内発育不全や胎児アルコール症候群を引き起こす要因となる。

　米小児科学会は、生活習慣病となる出生前のリスク因子として、親の肥満、妊娠糖尿病、妊婦の喫煙の3つと、出生後のリスク因子として、母乳栄養でないこと、睡眠時間が短いことをあげており、リスク因子が内在する乳児には、生後6か月までは母乳栄養にすることや、乳児期の体重の増加を緩やかにすることが望ましいとしている。

（3）生活習慣的要因

　現代の食の欧米化、外食店やコンビニ店の充実化、車社会化、スマートフォンやタブレット端末の普及など、ライフスタイルの変化が大人だけでなく、子どもにも強く影響していることは間違いない。DOHaD<ruby>ドーハッド</ruby>理論によれば、先に述べたように、胎児期や新生児期の環境因子によって肥満になりやすい遺伝子的素質になり、高カロリー食や運動不足などの生活習慣的要因が加わることで肥満を発症すると説明されている。小児肥満のほとんどは単純性肥満（原発性肥満）といって、摂取エネルギーが消費エネルギーを上回っているために生ずるものである。つまり、食事・おやつ・ジュースなどの過剰摂取、食事内容のバランスの悪さ、さらに運動不足など、生活習慣の影響を受けている。また、小児期に親の喫煙暴露を受けることも血管内皮機能に悪影響を及ぼし、動脈硬化の進行につながる。

4　アディポシティリバウンド

　小児肥満の多くは、アディポシティリバウンド（AR）[7]と呼ばれる幼児期のBody mass index（BMI）の上昇が早期に起こることがわかっている。ARとは体脂肪の蓄積を意味し、BMIリバウンドとも呼ばれている。通常、BMIは生後９か月頃まで増加し、その後は減少して６歳前後で最低値となり、再び身長の伸びとともに増加する（**図1**）[7,8]。このBMIの減少から増加に転ずる跳ね返り現象をARといい、ARが早いほど肥満になりやすく、将来生活習慣病になるリスクが上がる。出生後、生理的に体脂肪が増加する乳児は、１歳頃を迎えて歩くようになると自然

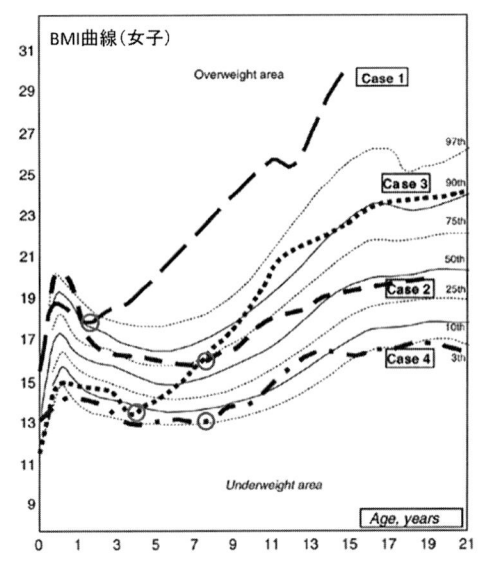

図1　BMIパーセンタイル曲線とアディポシティリバウンド（AR）時期の異なる
　　　４名の女児のBMI曲線（Rolland-Cachera MF, et al. 2006、有坂治. 2011）
Case 1：１歳時に過体重でARが２歳と早く、思春期に高度な肥満になっている
Case 2：１歳時に過体重であるがARが８歳と遅く、その後肥満になっていない
Case 3：１歳時に低体重であるがARが4.5歳と早く、その後肥満になっている
Case 4：１歳時に低体重であるがARが８歳と遅く、その後も痩せている

と筋肉もつき、体脂肪が減り始めて体型がスリムになる。乳児期の体重増加については、幼児期以降の肥満にはつながりにくいと考えられている。重要なのは、6歳までにARが起きていないかを見定めることである。特に、ARが3〜4歳より前に起こった場合は、12歳時に肥満や心血管代謝リスクが出現しやすくなる。ARを確認するには、健診の数値を利用することをすすめる。3歳健診時のBMIを算出し、それが1歳6か月健診時より上昇している場合は、すでに体脂肪の蓄積が始まっており、将来の肥満のリスクが高くなることが予測される。

5　子どもの肥満を放っておくとどうなるの？

（1）肥満に伴う健康障害

　子どもの肥満は見過ごされがちだが、肥満に伴う健康障害は、過剰な内臓脂肪の蓄積と関連が強く、からだのあちこちに悪影響を及ぼす。たとえば、下肢の関節に負担がかかって、O脚やX脚などの下肢変形（アライメント異常）を起こしたり、膝の関節炎や股関節痛（大腿骨頭すべり症）を起こしたりする。また、成長ホルモンの分泌が不十分になって身長の伸びが悪くなったり、骨密度が平均よりも低くなったりする。ひどくなると血液検査などでも様々な異常が出てくるようになり、高血圧、2型糖尿病、脂質異常症、高尿酸血症、睡眠時無呼吸症候群、非アルコール性脂肪性肝疾患（Non-alcoholic fatty liver disease：NAFLD）などを呈するようになる。これらの病気は動脈硬化を加速させ、メタボリックシンドロームや心血管・脳血管疾患の発症リスクを高める。小児期のメタボリックシンドロームでは、すでに動脈硬化の初期変化が観察されたという報告もある[9]。小児メタボリックシンドロームの怖いところは、子どもの間はまだおとなしく隠れているが、その下地をつくってしまうと大人になった頃に一気に悪さをし始めるところである。たとえ今、病気を発症していなくても、大人になったとき生活習慣病になって

しまわないように、望ましい下地づくりをしておきたいものである。

　子どもの肥満の健康障害として身体的な問題をあげたが、もう一つあげられるのが精神的・心理社会的な問題である。これには、不登校、いじめ、チック症、抑うつ状態、夜尿症、過敏性腸症候群、心因性嘔吐（おうと）、ストレス性胃潰瘍、頭痛、心因性咳嗽（がいそう）、抜毛症などがある。難しい病名も入っているが、ここまで大きなことにならないまでも、太っていることで運動が苦手で体育が嫌いになったり、体型を友達から指摘されて心が傷つくことがある。また、自分に自信が持てなくなり自尊心が低下したり、どうしてこんなになるまで放っておいたのかと親を恨んだりすることもある。また、幼児期以降の急な体重増加には、入園や引越し、弟や妹の誕生、母親の就労、両親の不和や離婚といった環境変化が契機となっているケースもある。こういった精神的ストレスによっても、食事量が増えたり、不規則になったり、運動量が低下して肥満の進行につながる。

（2）子どもの肥満は大人の肥満のもと

　もう一つ貴重なデータがある。「子どもの肥満は大人の肥満のもと」である。幼児期の肥満は、30％が成人肥満になるといわれている[10]。特に年長児の肥満ほど大人の肥満に移行しやすいことがわかっている。これが学童期へ移行するとその比率は上がり、学童前期の肥満は40％が、思春期の肥満は70〜80％が成人肥満になると言われている[11]。思春期の時期になってしまうと、身長が伸びて体格が形成されてしまうことや、肥満を引き起こす生活習慣が定着してしまうことから肥満が定着し、もとに戻すことが大変難しくなるのである。また、小児期の肥満度が高い者ほど成人肥満へ移行する割合が高くなる。このように、肥満度が高く、年齢が上がるほど成人肥満への移行率が高くなるため、小児肥満はできるだけ早期に対策を講じる必要がある。

6　生活習慣病を予防するためのスクリーニング

（1）生活習慣チェック

　生活習慣病の予防には適切な生活習慣が基本となる。生活習慣病を予防するためのスクリーニングとして、まずは、家庭の生活習慣をチェックすることから始める。表2に示した生活習慣チェックでは、あてはまる項目数が多いほど不適切な生活習慣であり、改善が必要であるといえる。カロリーの高い食事が肥満につながるというのは容易に想像できる。しかし、カロリーだけではなくて、食事の摂り方や運動、そして一見すると関係のなさそうな寝る時間やゲーム・テレビ・スマホなどの習慣も肥満に大きな影響を及ぼしている。ある調査では、朝食を欠食し、夕食時間・睡眠時間も遅くなることが小児メタボリックシンドロームを促進させる要因であることや、部屋でゲームやテレビの時間が長い子どもは、外で運動をする時間を確保している子どもに比べて肥満になりや

表2　生活習慣チェック

子ども用	保護者用
□米・麺類・パンなどの炭水化物がとにかく多い	□子どもは少しくらい太めでもいいと思う
□からだに見合わない量を食べる	□揚げ物など油を使った料理が多い
□好き嫌いが多く食べるものがかたよっている	□おかずは各自に盛り付けず自由に食べている
□野菜はあまり食べない	□薄味の料理はなんだかもの足りない
□ジュースや清涼飲料水をよく飲む	□お菓子をよく食べる
□おやつはスナック菓子やチョコレートが多い	□インスタント食品を食事替わりによく利用する
□寝る前によくおやつや夜食を食べる	□ファーストフードや外食店をよく利用する
□食事の時間はバラバラだ	□子ども一人でごはんを食べることがよくある
□寝るのはいつも夜10時をすぎている	□家ではテレビをつけっぱなしにしていることが多い
□寝坊して朝食抜きになってしまうことが多い	□子どもにスマホを見せることが多い
□かけっこやボール遊びが苦手だ	□子どもと一緒に外で遊ぶことはあまりない
□外より家の中で遊ぶほうが好き	□私（または夫）も太っているほうだ
□ゲームやスマホ、テレビの時間が1日2時間を超える	□たばこを吸っている（家族のだれか）
□歯磨きはしたりしなかったりだ	□あまり運動をしない
□寝るときにいびきをかいている	□体重や体脂肪を測る習慣はない

※15項目中、5項目以上チェックが入った場合は要注意

すいと報告されている[12]。まずは、生活習慣チェックにより、子どもと
親の生活習慣が乱れていないかを確認し、チェック項目に対して家族全
体で見直す契機とすることが望まれる。

（2）幼児の肥満評価
　幼児期の肥満は、以下の３つを使って評価することができる[9]。
　　①成長曲線…標準成長曲線に沿って成長しているか？
　　②肥満度……標準内の肥満度で推移しているか？
　　③BMI………６歳まではBMIは徐々に減少しているか？

①成長曲線（標準身長・体重曲線）
　母子健康手帳には成長曲線が載っている。子どもの身長・体重を経時
的にマークをつけることで、体重の増加が急激でないか、身長の伸び率
が低下していないかなどを簡便に確認することができる。身長に比べ、
明らかに体重が多い、もしくは体重増加傾向が続いているときには、で
きるだけ早い時期から改善していくことが大切である。もし急激な肥満
の進行や、身長の伸びが停滞している場合には内分泌性の肥満であるこ
とも考えられるため、一度医療機関を受診することをすすめる。

②肥満度（肥満度判定曲線）
　母子健康手帳には、肥満度を簡単に知ることのできる「肥満度判定曲
線」もある。身長と体重からプロットすることで、肥満がいつから起
こってきているのか、今も肥満傾向が続いているのかを知ることができ
る。また、詳しい肥満度を計算する方法もある。肥満度は標準体重に対
して実測体重が何％上回っているかを示すもので以下の式で計算される。

$$肥満度 ＝ \{(実測体重－標準体重）／標準体重\} ×100（％）$$

表3 身長別標準体重の早見表（3歳以上6歳未満の幼児）

身長（cm）	男子			女子		
	標準体重 （kg）	やせ[※1]	肥満[※2]	標準体重 （kg）	やせ[※1]	肥満[※2]
70	8.5	7.2	9.7	8.2	7.0	9.5
71	8.6	7.3	9.9	8.4	7.1	9.7
72	8.8	7.5	10.1	8.6	7.3	9.9
73	9.0	7.6	10.3	8.7	7.4	10.1
74	9.2	7.8	10.6	8.9	7.6	10.3
75	9.4	8.0	10.8	9.1	7.7	10.5
76	9.6	8.1	11.0	9.3	7.9	10.7
77	9.8	8.3	11.2	9.5	8.1	10.9
78	10.0	8.5	11.5	9.7	8.2	11.1
79	10.2	8.6	11.7	9.9	8.4	11.4
80	10.4	8.8	11.9	10.1	8.6	11.6
81	10.6	9.0	12.2	10.3	8.8	11.9
82	10.8	9.2	12.4	10.5	9.0	12.1
83	11.0	9.4	12.7	10.8	9.2	12.4
84	11.3	9.6	13.0	11.0	9.3	12.6
85	11.5	9.8	13.2	11.2	9.5	12.9
86	11.7	10.0	13.5	11.5	9.8	13.2
87	12.0	10.2	13.8	11.7	10.0	13.5
88	12.2	10.4	14.1	12.0	10.2	13.8
89	12.5	10.6	14.3	12.2	10.4	14.1
90	12.7	10.8	14.6	12.5	10.6	14.4
91	13.0	11.0	14.9	12.7	10.8	14.7
92	13.2	11.3	15.2	13.0	11.1	15.0
93	13.5	11.5	15.5	13.3	11.3	15.3
94	13.8	11.7	15.8	13.6	11.5	15.6
95	14.0	11.9	16.1	13.9	11.8	15.9
96	14.3	12.2	16.5	14.1	12.0	16.3
97	14.6	12.4	16.8	14.4	12.3	16.6
98	14.9	12.7	17.1	14.7	12.5	17.0
99	15.2	12.9	17.5	15.0	12.8	17.3
100	15.5	13.1	17.8	15.4	13.1	17.7
101	15.8	13.4	18.1	15.7	13.3	18.0
102	16.1	13.7	18.5	16.0	13.6	18.4
103	16.4	13.9	18.8	16.3	13.9	18.8
104	16.7	14.2	19.2	16.6	14.1	19.1
105	17.0	14.4	19.5	17.0	14.4	19.5
106	17.3	14.7	19.9	17.3	14.7	19.9
107	17.6	15.0	20.3	17.7	15.0	20.3
108	18.0	15.3	20.7	18.0	15.3	20.7
109	18.3	15.5	21.0	18.4	15.6	21.1
110	18.6	15.8	21.4	18.7	15.9	21.5
111	19.0	16.1	21.8	19.1	16.2	22.0
112	19.3	16.4	22.2	19.5	16.5	22.4
113	19.7	16.7	22.6	19.8	16.9	22.8
114	20.0	17.0	23.0	20.2	17.2	23.2
115	20.4	17.3	23.4	20.6	17.5	23.7
116	20.7	17.6	23.8	21.0	17.8	24.1
117	21.1	17.9	24.2	21.4	18.2	24.6
118	21.5	18.2	24.7	21.8	18.5	25.0
119	21.8	18.6	25.1	22.2	18.9	25.5

※1 やせ：やせすぎ、又はやせ。（表中の各身長における数値以下が該当。）
※2 肥満：ふとりぎみ、ややふとりすぎ、又はふとりすぎ。（表中の各身長における数値以上が該当。）
（厚生労働省[13]、2014）

　標準体重は性別、年齢別、身長別に設定されている（**表3**）[13]。幼児では肥満度15%以上は太りぎみ、20%以上はやや太りすぎ、30%以上は太りすぎとする（**表4**）。因みに、この肥満度法は乳児の肥満度判定には用いない。

表4　幼児期の肥満度の区分について

肥満度＝（実測体重−標準体重）／標準体重×100（%）

肥満度（%）	分類
−20%以下	やせすぎ
−20%超−15%以下	やせ
−15%超+15%未満	ふつう
+15%以上+20%未満	ふとりぎみ
+20%以上+30%未満	ややふとりぎみ
+30%以上	ふとりすぎ

③BMI（Body mass index：体格指数）

　海外ではBMIパーセンタイル値やBMI絶対値が使用されている。日本においても、成人ではBMI値が使用されるが、18歳未満ではBMIの標準値は年齢が進むにつれて漸増し、同性・同年齢でも身長の高い者は低い者よりもBMI値が大きいことがあるため、日本肥満学会ではBMIよりも肥満度法を推奨している。しかし、前述のように、出生から幼児期にかけてARが何歳時点で起きるかに注目することは重要である。幼児期のBMIは、肥満移行の危険度を知る指標として有効な基準となり、下記の式を用いて簡単に計算することができる。

$$\text{BMI} = 体重（kg）÷身長（m）÷身長（m）$$

　表5に小児のBMIの標準値を示す。3〜5歳の幼児のBMIの標準値は、14.5〜16.5となる。

表5　小児のBMIの標準値について

BMI＝体重（kg）÷身長（m）÷身長（m）

区分	BMI
乳児（3か月以後）	16〜18
1歳	15.5〜17.5
1〜2歳	15〜17
3〜5歳	14.5〜16.5
学童	18〜22

7　子どもの生活習慣づくりのために〜幼児期からの肥満予防〜

　子どもの生活習慣の形成には親の役割はかかせない。子どもの生活習慣は、親の生活習慣の影響を強く受けるとされている。関根ら[14]は、日本の小児を対象とした調査研究において、3歳時の早寝・遅寝などの生活スタイルが小学4年生時も同様であったことから、3歳時の生活習慣はその後も継続することを明かにしている。また、メディア面においては、テレビ・ゲームなどのスクリーンタイムが長いことは、肥満発症と強く関連する。たとえば、夕食後のテレビ視聴が2時間以上の児では、2時間以下の児に比べて、肥満頻度が約2倍になる。また、ここ30年で子どもの就寝時刻は遅くなり、睡眠時間は短縮している。この傾向は、特に幼児期に顕著であり、3歳児の夜10時以降に就寝する割合は増加し、平均睡眠時間は10時間をきっている。日本肥満学会によれば、幼児期に推奨される生活習慣は、①家族で夕食をとる、②10時間半以上の睡眠、③平日のテレビ視聴は2時間以内、④夕食後のテレビ視聴は2時間以内、としている。

　小児期の生活習慣病を予防するためには、幼児期の介入が最も有効とされている。その理由は、低出生体重児であれ、高出生体重児であれ、幼児期の体重増加過多を抑えれば、その後の肥満を予防できる可能性が高いこと、幼児期はほぼ完全に親や保育者の管理下にあるため、親への指導のみで効果があること、基本的な生活習慣は幼児期に身につくこ

と、があげられる。就学までに肥満に気づき、早期に介入することがポイントである。そのためには、乳児期に引き続いて定期的に身長体重を記録し、成長曲線や肥満度判定曲線を使って成長の確認をすること、そして同時に、BMIを使って、AR（BMIの上昇）が早期に始まっていないかを確認することをおすすめする。もし肥満傾向がみられた場合には、生活習慣を見直し、体重増加を抑制する対策をできるだけ早期にとることが重要である。学童期以降に肥満を持ち越さないためには、食事、運動、睡眠、メディアといった日々の生活習慣を幼児期から正しておくことがとても大切である。生活習慣は、子どもが自分で管理をするというのは特に幼児期では難しいため、大人たちが気をつけてあげるしかない。

文献

1）井代学（2017）生活習慣病の病因と病態．小児内科，49（10），1434-7．

2）Barker DJ（1989）Weight in infancy and death from ischaemic heart disease. Lancet, 2（8663），577-80.

3）Gluckman PD（2004）Living with the past: evolution, development, and patterns of disease. Science, 305（5691），1733-6.

4）有坂治（2017）3歳時健診における生活習慣病予防．第28回日本小児科医会総会フォーラム．日小医会報，54，78-82.

5）厚生労働省（2015）平成27年国民健康・栄養調査結果の概要．https://www.mhlw.go.jp/file/04-Houdouhappyou-10904750.../kekkagaiyou.pdf（2018年8月29日最終アクセス）

6）Dyer JS（2011）Metabolic imprinting by prenatal, perinatal, and postnatal overnutrition: a review. Semin Reprod Med, 29（3），266-76.

7 ）Rolland-Cachera MF（2006）Early adiposity rebound: causes and consequences for obesity in children and adults. Int J Obes（Lond）, 30 Suppl 4, S11-7.

8 ）有坂治（2017）乳幼児の肥満は学童, 思春期肥満につながるのか？ 〜adiposity reboundと肥満との関係〜. チャイルドヘルス, 14（12）: 1768-73, 2011.

9 ）日本肥満学会（2017）「小児肥満症診療ガイドライン2017」

10）Tsukada H（2003）Relationship of childhood obesity to adult obesity: a 20-year longitudinal study from birth in Ishikawa Prefecture, Japan. Nihon Koshu Eisei Zasshi., 50（12）, 1125-34.

11）Togashi K（2002）A 12-year follow-up study of treated obese children in Japan. Int J Obes Relat Metab Disord, 26（6）, 770-7.

12）大國真彦（1995）子ども達がテレビ等の視聴, ファミコン等で遊んでいる実態と肥満との関係調査成績. 日児誌, 99, 1700- 3 .

13）厚生労働省（2014） 3 歳以上の幼児の肥満度判定区分の簡易ソフト. https://www.mhlw.go.jp/bunya/kenkou/chiiki-gyousei.html（2018年 8 月29日最終アクセス）

14）関根道和（2008）富山出生コホート研究からみた小児の生活習慣と肥満. 日本小児循環器学会雑誌, 24（ 5 ）, 589-97.

■ 第2章 幼児期のメンタルヘルス ■

1 はじめに

　子どもの心や性格は、生まれ持った性質と発育過程の経験によって深まっていく。人は生まれながらにして他者と関わる能力をもつ「社会性のある動物」といわれるが、この「社会性」とは人の気持ちを理解する能力のことである。では、こうした力はどのように発達するのだろうか。幼児期は、幼稚園や保育所へ通うことで、家族以外の他者との関わりが始まる。まず親と離れることへの不安から泣くことが認められるが、徐々に仲間や保育者との空間に慣れ、共に遊ぶことを楽しむ感情が増えていく。遊びがうまくいかないことや仲間との多少の衝突で泣いたり怒ったりすることも、まわりの大人に甘えたり手伝ってもらうことでやり遂げる経験を重ね、感情のコントロールも身についていく。子どもは乳児期から喜び、不快、悲しみ、怒りなどさまざまな感情を経験するが、幼児期から学童期にかけて、感情がどんどん豊かになっていくとともに、自分や他人の感情を認識し、言葉にし、理解することができるようになっていく。Widenら[1]によれば、幼児期の情緒の発達は目覚ましく、3〜4歳頃に5つの情緒（幸福・悲しみ・恐怖・怒り・嫌悪）が身につくとされる。4〜5歳くらいから少しずつ他人の心を理解できるようになり、言葉を使って自分の感情を表現したり考えたりできるようになる。この発達は、子どもの言語力、思考力、経験の差によって個人差がある。気質もさまざまで、生まれつき感受性や感情表現の強い子どももいればそうでない子どももいる。しかし、どの子どもにとっても、自分の感情に対処できることは個人のメンタルヘルスを良好に保つ上で重要である。また、感情の起伏があることは健全で、普通のことだと認識することも大切である。

2　養育者との関わりで育つ幼児のこころ

（1）幼児期のアタッチメント（愛着）の重要性

　アタッチメントとは、不安や不快などを感じたときに、安心・安全を取り戻そうとする欲求であり、他者に近づき抱きしめてもらったり、慰めてもらったりすることによって崩れた感情を立て直す。Bowlby[2]のアタッチメント理論によると、「子どもが適切に精神発達・社会生活能力発達するために、少なくとも一人の養育者と親密な関係を維持する必要がある」とし、それが何らかの原因で阻害されると様々な心身発達領域に悪影響が及ぶと説明されている。幼児期のアタッチメントは、養育者や保育者との関係性の中で成り立つが、日常的に身近にいる重要な他者となるのは親であることが多く、親とのアタッチメント形成が大きな割合を占めることになる。

　幼い子どもの場合、まだ自分一人で不安や恐怖といったネガティブな情緒に対処できないため、養育者が子どもの困りごとにいかに対処し、安心感をもたらしてくれるかが子どものその後の心理的発達を大きく左右する[3]。幼い子どもは泣いたり手を伸ばしたりしてアタッチメント欲求を表すが、親がそのサインに応えることで子どもは、「親はありのまま自分を受け入れてくれる存在だ」という安心感と、「親は困ったとき、怖いときに自分を守ってくれる存在だ」という信頼感を得る。と同時に、「自分は守ってもらえる価値のある存在だ」という自己肯定感を形成していく。

　遠藤[4]は、安定したアタッチメントを得た子どもは「心の安全基地」を持つことができるとしている。好奇心を外の世界に向けて探索し、危険を感じたときにはアタッチメント対象にしがみつき、危険が過ぎると再度探索を行うことができる。この心の安全基地がなければ、心身の健康な発達は保障されない。アタッチメントは乳児期から幼児期に獲得することが最もたやすく、その後の獲得も可能であるが、アタッチメント

形成がうまくいっていない期間が長い、もしくは子どもが思春期を迎えている状況では困難を伴う。

（2）幼児期におけるアタッチメントのタイプ

　一般的に子どものアタッチメントは、①安定型、②回避型、③不安型（アンビヴァレント型）、④無秩序・無方向型の4タイプに分けられる。Ainsworth[5]やMain[6]らは、養育者から子どもを引き離したのち、再会させたときに、子どもがどのような行動をみせるかというストレンジ・シチュエーション法を用いた実験を行い、子どもの行動スタイルからアタッチメントタイプを次のように説明している。「安定型」とされる子どもは、養育者から離れることに苦痛や混乱を示すが、養育者が戻ると多少泣くものの養育者との接触を求め、容易に落ち着くことができる。こうした子どもは、子どものシグナルに迅速に応答している養育者のもとで育っているとされる。「回避型」とされる子どもは、養育者から引き離しても苦痛や混乱を示さないうえ、再会場面でも養育者を無視し、距離をおく傾向がある。こうした子どもの養育者は子どもの発信してくるシグナルに対して拒絶的な傾向がある。「不安型（アンビヴァレント型）」とされる子どもは、養育者から離れることに強い苦痛と混乱を示し、再会場面では養育者に接触を求めつつ、養育者をたたくなどの怒りを示し、容易に落ち着くことができない。こうした子どもは、子どものシグナルに応えたり応えなかったりと、やや気まぐれな養育者のもとで育っているといわれる。「無秩序・無方向型」とされる子どもは、接触することも離れることもできずフリーズする、べったりくっついていたと思うと突然離れていく、呆然とした表情でじっとしている、といった不自然な態度をとる。こうした子どもの養育者は虐待のような不適切な関わりをしているケースで見受けられる。安定型に対し、回避型、不安型（アンビヴァレント型）、無秩序・無方向型を不安定型とし

ており、全体の約3割の子どもは不安定型を示すといわれている。

　アタッチメントが安定している子どもは良好な友人関係が築け、社会性が高く、友達の行動の予測や社会的な問題解決能力に優れているとされる。とりわけ幼児期においては、安定型の子どもは友達との共感性が高く、積極的に遊ぶことができ、一人でいることが少ないことや、友達への怒りや攻撃的な行動を示すことが少ないことも示されている。

（3）アタッチメントによって子どもの自己肯定感を高める

　先に述べたように、乳幼児期のうちに一番身近な親とアタッチメントを築いて、安心・信頼できる関係性を作っておくと、自己肯定感が高められていく。対して、不安定なアタッチメントが続くと、劣等感を抱く、失敗を恐れる、自信がない、人と親しくなるのが怖い、ストレスに弱い、衝動性、攻撃性など、低い自己肯定感につながる。では、どうすればうまくアタッチメントを築けるのだろうか。子どもたちが求めるものは、①愛されること、②見てもらえること、③認めてもらえることの3つであり、その欲求に親が応えることである。

　子どもの「愛してほしい」という欲求に応えるには、親の愛情表現によって子どもに十分に甘えさせてあげることである。愛情表現の方法には、抱きしめる、頭をなでる、手を握る、膝に座らせる、キスする、ぴったり寄り添うなど、身体的な触れ合いよるものと、愛している、大切に思っているのだということを言葉で伝える言語的な触れ合いによるものとがある。子どもは、愛されていると感じると自分を好きになり、自己肯定感は高まる。同時に、親しい人に対して愛情を表現することと、親しい人からの愛情を受け止めることの両方を学ぶ。

　「見てほしい」という欲求に応えるには、子どもが手助けや注目を求めて近づいてきたときに、親が向き合うことである。30秒〜1、2分の短い時間でいいので、手を止めて、目を見て、話を聞くことで、子ども

は注目される喜びを感じ、常に見守ってくれる存在がいることへの安心感を得られる。親が子どもの話に耳を傾け、内容を要約して語り返し、話題に関して質問をすることで、子どもは会話の技術や社会性を育み、意見交換をしたり、アイディアを出し合ったりすることの自己表現力を伸ばすことができるのである。また、Hartら[7]は親子の言葉のやり取りが多い家庭ほど、3歳時の言語の習得やIQが高く、9-10歳時点においても継続して関連がみられたと報告している。子どもがまだ幼くて会話が成り立たなくとも、親は子どもが興味を持ちそうなことやその日の出来事などを話題に、子どもと話す機会を日常的に習慣化していくことが大切である。

　「認めてほしい」という欲求に応えるには、子どもの好ましい行動を認めてほめることが大切である。結果に対して、ただ「いいね」「すごいね」とほめるのでは、子どもは一体何が良かったのか理解できないことが多い。ほめるときには、「お絵かきで遊んだあと、片付けがきちんとできてえらいね」などと、何が好ましいかを具体的に伝えることで、子どもはこれが良い行いなのだと気づき、その行動を繰り返すようになる。さらに、子どもが自分の成果を顧みることができるような言葉がけも有用で、例えば、描いた絵を自慢げに見せに来たら、「自分で描いたこの絵のどんなところがいいと思う？」というようにうまくできたことについて考えさせると、自分の長所を認めさせることになる。Sandersら[8]は、親が言葉がけをするときや生活技術を教えるときに、描写的にほめることや注目している気持ちを伝えることで、好ましい行動を励ますことができ、その後の問題行動を減らすことができるとしている。

　このように、健全な自己肯定感は、親が愛情を表現し、注目をし、子どもの成果を認め、褒めることによって高められ、人を理解する心も育まれるのである。幼児期は自分でやりたいという自我が強くなる時期である。身の回りのことを手助けする際には、親は子どもをせかしすぎ

ず、自発性を見守り、達成する喜びを味わわせることが重要である。また、自己肯定感の土台となる安心感と信頼感を形成する時期は5歳までが重要といわれるが、もしうまく築けていないと感じたらその時点から築くことができる。例えば、子どもが中学生や高校生になっていても求める3つのことは変わりない。子どもの話をじっくりと聞き、否定したり怒ったりせずにその子なりにがんばっていることをほめる。子ども自身の在りようを認め、十分に甘えさせることでゆっくりと安心感と信頼感を取り戻すことができる。

3　非認知的なこころの発達

（1）幼児期に伸ばしておきたい非認知能力

ここまでアタッチメント理論を軸に、幼児期の親の関わりとこころの発達との関係についてみてきた。ここまで取り上げたような社会情緒的な発達は近年、「非認知能力（Non-cognitive abilities）」と呼ばれ注目を集めている。自己肯定感も、この非認知能力に含まれる特性である。非認知能力は、学力や知能（IQ）といった認知能力に対して、「自制心」「やり抜く力」「計画性」「コミュニケーション力」などをさし、社会適応能力として教育現場でも重視されるようになった。2017年3月に改訂された学習指導要領には非認知能力の内容が組み込まれ、学習指導要領に合わせて保育所保育指針・幼稚園教育要領も改定されている。Heckmanら[9]は「ペリー就学前計画」という介入研究によって、幼少期に非認知的な能力を身につけておくことが、大人になってからの経済的な安定と人生の満足感につながることを明らかにしている。我々大人は、数が数えられる、字が書けるなど、目に見えて知的に賢くなったと感じる認知的な能力に注目しがちであるが、幼児期には認知能力を高めることよりも、非認知能力を高めておくことが重要なのである。幼児期では遊びを通して、やる気、意欲、粘り強さ、探求していく力が身についていく。

同時に、人の表情やしぐさから感情について多くのことを学ぶ。ここでは、非認知能力の中でも特に幼児期に伸ばしておきたい、「自制心」と「やり抜く力：GRIT」を育てることについて触れたい。

（2）自制心を育てる

　「自制心」とは、自分自身の感情や欲望をうまく表現したり、コントロールしたりすることをいう。幼児期において自制心を育てるためには、子どもは自分の感情を理解し、受容し、適切に表現する技術を身に付けなくてはいけない。親は、子どもが何かの感情を表していたら、「どうしてそう思ったの？」と、どう感じているかを聞き、答えられない場合には、「うまくできなくてくやしかったんだね」というように代わりに表現してあげることで、子どもは自分の感情やその理由を認識できるようになる。もし、子どもの怒りや苛立ちの感情が、怒鳴る、ののしる、たたくなどの人を傷つける行動として表れた場合には、子どもの話をよく聞き、一旦、そうした感情を持つことは悪いことではないと理解を示した上で、どのような感情表現がふさわしいのかを落ち着いて教える必要がある。子どもが自分の感情を上手に表現したり、つらい場面に対処できたりした場合には、「お友達が割り込んできたとき落ち着いて順番を待てたね」というように具体的に褒めることで、子どもは適切な感情表現を学ぶのである。

（3）やり抜く力（GRIT）を育てる

　「やり抜く力」とは、うまくいかないときに諦めず、目標の向かって頑張る姿勢を身につけることをいう。やり抜く力を育てるためには、子どもが出した結果に対して、前向きな成長思考にさせることが重要である。Dweck[10] は、課題達成時に失敗を経験した際、すぐにあきらめる無力感型の子どもと、あきらめずに課題に取り組み続ける成長思考型の

子どもがいることを見出し、無力感型の子どもでは失敗の原因を「自分の能力のなさ」だと捉え、成長思考型の子どもでは「努力が足りなさ」と捉える傾向にあることを明らかにしている。成長思考型で育った子どもは、学校の成績がよく、大学への進学率や卒業率が高いことや、精神的・身体的な健康状態もよく、周りの人たちと強い絆を持ち、よい関係を続けることができることも報告されている。

　では、どのような関わりをすることで成長思考型になるのだろうか。まずは、子どもがうまくいかなかったことを安心して話すことができるよう、真面目に話を聞き、評価したり指導したりしようとせず、ありのまま話を受け入れることである。ここで、うまくいかなかったことを責める、否定することは、成長思考をさまたげる。大人も同じであるが、失敗したときに、責められたり怒られたり馬鹿にされたりすれば、どうせだめだというマイナス思考となり、失敗を恐れてチャレンジしなくなってしまう。

　続いて、結果よりもプロセスに注目し、「よく頑張ったね」「長い間一人で取り組めたね」というような言葉がけが有用である。実は、「才能があるね」「頭がいいね」と才能や成績をほめたり、できたところ（成功）だけをほめたりするのは、成長思考をさまたげてしまう。自分の成功や失敗の原因を自分の才能に結びつけやすく、できなかったときに「才能がないから」と無力感が先に立ってしまうからである。また、親が失敗や困難から子どもを回避させることは良い学びとはならない。たとえ失敗しても、取り組んだ過程を褒めてあげれば、子どもは「失敗してもいいんだ」「失敗から学んでまたチャレンジすればいいのだ」という前向きな感情を抱くことができる。

　さらに、こういった場面では、「どうしたらうまくいくと思う？」「どうしたらいいか一緒に考えてみる？」というように、子どもに意思決定の機会を与えたり、自発的な目標設定を促したりすることは、問題解決

力を伸ばすことにつながる。

　子どもに言葉がけをする上でもう一つ注意したいのは、親が結果に対して、他の子どもや兄弟姉妹、あるいは自分の子供の時代と比べて、できないことを指摘することは、子どもの自尊感情を損なうので避けたい。言葉がけをする際には、その子自身の過去と現在を比べ、「前はすぐ怒っていたのに今は我慢できることが増えたね」「お母さんが手伝わなくても一人で着替えができるようになったね」というように、できるようになったことに注目することが大切である。

4　子どもの貧困とメンタルヘルス

　さいごに、昨今わが国で問題となっている子どもの貧困について触れておきたい。2016年国民生活基礎調査[27] によれば、わが国の17歳以下の子どもの貧困率（平均所得の半分以下の群）は13.9％と高い割合を示し、その背景として、母子家庭の年収が父子家庭の年収よりもはるかに低く、母子家庭の貧困率が高いことがあげられる。そのほか、子どもの病気、親の依存症、不安定雇用、若年出産、不慮の事故など、さまざまな背景因子が重なり合っていることもある。

　貧困は、子どもの心身の健康を阻害する。五十嵐[12] は、貧困が子どもの心身の健康に与える影響として、次の9つをあげている。①休日に朝食を食べない子どもの増加、②医療機関への受診を控える、③子どもの任意予防接種を控える、④う歯の増加、⑤受動喫煙率が高い、⑥自閉症スペクトラム障害の疑いの子どもの増加、⑦学力の低下、⑧虐待のリスクが高まる、⑨NCDsリスクが高まる。このほか、自尊心、友人関係、授業への適応などにも影響を及ぼす。

　では、貧困がどのようなプロセスで子どものメンタルヘルスに影響するかを考えると、次のように説明できる（**図1**）。世帯の年収の低さによって、親の経済的困窮感が表れ、親のメンタルヘルスが低下する（抑

うつ・不安・生活不満足感）。親のメンタルヘルスが悪化してくると、養育に対する無関心・アタッチメント不形成・虐待などのリスクが高まり、子どものメンタルヘルスも低下する（抑うつ・低自己肯定感・低学力・低QOL）。結果的に子どもの問題行動は増加する。

このように、子どもの問題行動もしくは親の困りごとの背景には、メンタルヘルスを悪化させる要因がなにかしらあり、その根底には貧困という問題を抱えていることがあるかもしれないということを認識しておく必要がある。

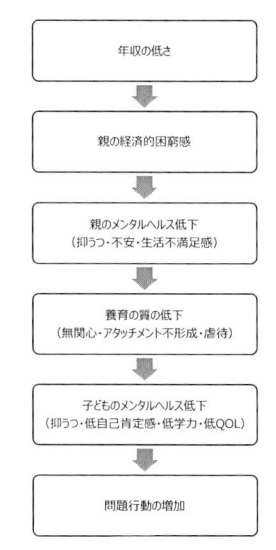

図1　貧困が子どものメンタルヘルスに影響を与えるプロセス（五十嵐ら[12]、2017より作成）

文献

1 ）Widen SC（2010）Differentiation in preschool's categories of emotion. Emotion, 10, 651-661.

2 ）Bowlby J（1980）Attachment and loss, Vol.3 Loss: Sadness and depression. New York, Basic Books.

3 ）篠原郁子（2018）アタッチメントと非認知的な心の発達―対人関係, 自己や他者の理解と認識. 発達, 153, 10-16.

4 ）遠藤利彦（2018）アタッチメントが拓く生涯発達. 発達, 153, 2 - 9 .

5 ）Ainsworth MDS（1978）Patterns of attachment: A psychological study of the strange situation. Hillsdale NJ: Lawrence Erlbaum Associates.

6）Main M（1990）Procedures for identifying infants as disorganized/ disoriented during the Ainsworth Strange Situation. Attachment in the preschool years. Chicago: University of Chicago Press, 121-160.

7）Hart B（1995）Meaningful differences in the everyday experience of young American children. Sydney, Paul H Books.

8）Sanders MR（1999）The Triple P Positive Parenting Program: Towards an empirically validated multilevel parenting and family support strategy for the prevention of behavior and emotional programs in children. Clinical Child and Family psychology Review, 2, 71-90.

9）Heckman JJ（2013）Giving kids a fair chance. Cambridge, MA, MIT Press.

10）Dweck CS（1986）Motivational processes affecting learning. American Psychologist, 41, 1040-1048.

11）厚生労働省．平成28年度国民生活基礎調査．https://www.mhlw. go.jp/toukei/list/20-21.html（2018年8月29日最終アクセス）

12）五十嵐隆（2017）わが国の医療・保健と子どもの貧困．発達，151, 2-6.

第Ⅵ部　幼児期の栄養と休養を探る

はじめに

　「栄養・食事」「休養・睡眠」は「運動」とともに、生活習慣の3大柱と言われている。これら3つはそれぞれがお互いに関連しており、運動と栄養・食事、運動と休養・睡眠、栄養・食事と休養・睡眠といった相互の影響に関しても幼児にとって重要な事項があげられる。特に生活習慣の乱れとして指摘される「朝食欠食」は「睡眠時間の短縮」と「就寝時間の遅延」に関しては相互に関連しているとともに、保護者の生活習慣からも大きく影響を受けることから、課題解決のためには保護者を巻き込んだ保健指導が必要となってくる。また、「食事」「睡眠」は幼児期においては、就学前に身につけておくべき基本的生活習慣の要素として、そして将来の健康のためにも、それらの改善は必要不可欠であると言える。スマホの普及やインターネット環境の変化など、我々や子どもたちを取り巻く環境が劇的に変化している現状及び今後の変化に対応した栄養・食事、休養・睡眠のあり方について探る。

■　第1章　幼児期の栄養・食事　　　　　　　　　　　　　■

1　幼児の食事摂取状況の現状

　子どもを取り巻く食の課題として、朝食欠食、母乳哺育、食物アレルギー、共食の減少・孤食の増加などが挙げられ、家族との関係性が影響していることが指摘されている。

　平成28年国民健康・栄養調査（厚生労働省、2017）によると、1〜6歳の年齢階級別朝食欠食率は8.6%と最近5回の調査のうち最も高率

であった（H18：5.8%、H20：5.7%、H22：6.8%、H24：6.5%）。また、学校種別朝食欠食率は保育園児10.1%、幼稚園児7.2%、その他の幼児8.3%であり、小学生（低学年5.9%、中学年7.9%、高学年5.0%）と比較して高率であることがわかった。また調査では、朝食に何も食べていない以外に菓子・果物などのみ、錠剤などのみの者も欠食として数えており中でも菓子・果物のみが最も多い状況であった。また、保育園児の朝食欠食率が高いことから保護者の朝の時間的ゆとりのなさが浮き彫りとなった。これらのことから、保護者を対象としたより一層確実な食に関する指導が必要であることが窺えた。朝食欠食のリスクとして、基礎代謝が落ち、午前中の体温が上がらず、気力・集中力がわかない、活発な活動ができない、学習能力や体力にまで影響することになる、といった悪影響が挙げられている。また朝食でドリンクやゼリー食などで単に栄養を摂れば良いというわけではなく、よく噛んで食べることが重要であるとされている。噛むことで、脳が覚醒し活発になる。また、口に食べ物が入り、胃に送られてくると腸や大腸が動き始め、内臓も目覚め、それが朝の排便習慣にもつながると言われている。

　孤食に関して、生活の多様化に伴い、家族バラバラの食事、子どもの一人食べなど孤食が増加しているとされ、孤食では会話等のコミュニケーションがないため、早食い、よく噛まない、食欲が落ちて偏食になりやすく、栄養バランスが崩れ、その結果精神的に不安定となり、心身の健康に影響を与えることが指摘されている。家族揃っての食事の重要性を社会全体で認識するとともに、最近話題の「子ども食堂」にみられる共食の機会の創生を地域ぐるみで推進していく活動に注目したい。保育園・幼稚園の入所児に関しては園での昼食は家族以外の友人や保育士・幼稚園教諭との共食の機会として重要である。平成28年国民健康・栄養調査（厚生労働省、2017）によると昼食を給食として摂取している割合は、保育園86.0%、幼稚園52.0%、その他の幼児4.7%であり、家庭食

（保護者等による手作り弁当など）は保育園10.9％、幼稚園43.0％、その他の幼児82.0％であった。幼稚園では弁当昼食の割合が高いことから、保護者に栄養や食事バランスに関する知識と意識が必要不可欠である。

2　幼児に望ましい栄養と食事

　健康日本21（第 2 次）では、「次世代の健康」「栄養・食生活」において、それぞれ「朝・昼・夕の 3 食を必ず食べることに気をつけて食事をしている子どもの割合の増加」と「主食・主菜・副菜を組み合わせた食事が 1 日 2 回以上の日がほぼ毎日の者の割合の増加」が目標として掲げられている。幼児に関する目標値は示されていないが、この第 2 次で示された主食・主菜・副菜を組み合わせた食事は日本の食事パターンであり、良好な栄養素摂取量、栄養状態につながるとされ、 1 日 2 食、主食・主菜・副菜がそろっている場合、それ以下と比べて、栄養素摂取量（たんぱく質、脂肪エネルギー比、ミネラル、ビタミン）が適正となることが報告されている。幼児期を始めとした子どもは、成長期にあるため、特に身体を構成するたんぱく質やミネラルを意識して摂取する必要があり、そのためにもバランスの良い食事が重要となる。平成17年 6 月に食育基本法が制定されたことに合わせて、食事バランスガイドが示された。食事バランスガイドとは、 1 日に、「何を」、「どれだけ」食べたらよいかを考える際の参考となるよう、食事の望ましい組み合わせとおおよその量をイラストでわかりやすく示したものである。健康で豊かな食生活の実現を目的に策定された「食生活指針」（平成12年 3 月）を具体的に行動に結びつけるものとして、平成17年 6 月に厚生労働省と農林水産省が決定したものである。しかし、この食事バランスガイドでは 6 歳以上を対象としており、幼児期における目安については示されていなかった。幼児の食事バランスガイドについては、東京都が平成18年12月「東京都幼児向け食事バランスガイド」を発表した。また併せて保育

所、幼稚園等での食育に活用する教材として「東京都幼児向け食事バランスガイドコマ」及び指導者用にこれらの活用法を示した「東京都幼児向け食事バランスガイド指導マニュアル」を作成しホームページ等で公表している。指導マニュアルで料理区分ごとの摂取量（SV）の目安の根拠を示しつつ、主食3～4SV、副菜4SV、主菜3SV、牛乳・乳製品2SV、果物1～2SVと設定しており、このバランスガイドを用いた食育を家庭ならびに保育園や幼稚園での食育に活用することを推奨している。子どもが基礎的な食習慣や食の基本的な知識・食行動を身につけることを目標とし、家庭では、①子どもがしっかり食事をとることかができるように、まず子どもの生活リズムを作ること。②食事の時間の落ち着いた環境を意識してつくる。③いろいろな食材を取り取り入れ、子どもが好きな食べ物を増やしていく。④家族で食卓を囲んで「楽しい食事」体験を増やす。⑤子どもの食事量やバランスの良い食事を理解する。保育園・幼稚園では①子どもに、園の中でいろいろな場面を通して食育を行う。②保護者に対しては、食事等の不安についてのアドバイス、親子食育教室や保護者会などを通じ、家庭で食育を行う時の情報提供などにより保護者を支援する。以上のことが家庭と保育園・幼稚園それぞれの役割として示されている。

　また幼児にとっては間食も重要な栄養補給の機会として捉えなければならない。桧垣（2018）は大学生にとって間食＝お菓子を意味していることに危機感を感じ、間食は、休息や気分転換、コミュニケーションの場、生活に潤いを与える「楽しみの時間」である一方で、子どもにとっては「食事の一部」であることを大人が認識し間食を与えることが大切であろうと強調している。この桧垣による保護者を対象とした調査結果では、間食の捉え方について「子どもの楽しみのため」71.4%が「栄養やエネルギーを補うため」18.2%を大きく上回っており、そのためか、保護者は、子どもの間食として1日に必要なエネルギー量を認識してお

らず、カロリーを考慮して与えていないことが明らかになった。また考慮していても、実際に与えている間食の内容は、栄養価よりもお菓子類など子どもの好む食べ物が中心であり、栄養を意識しているが内容にはあまり反映されていない結果であったとしている。

　幼児にとって朝・昼・晩の3食プラス間食で、栄養を意識した主食・主菜・副菜のバランスのとれた1日の適量について食事バランスガイド等を活用した食育の実践が期待される。

3　現代的課題に対応した食育のあり方について

　近年、食物アレルギーによる事故が報告されるようになり、給食では除去食や代替食で対応を取っているが、園内での連絡体制が十分取れていなかったことによる死亡例もあった。0歳児では鶏卵や牛乳、小麦粉の3つがアレルギーの9割を占めているが、幼児期以降では、魚卵やピーナッツ、果物、そば、甲殻類などの食物アレルギーも報告され、原因食物の種類は多岐にわたるようになる。重症となりアナフィラキシーが発症した場合はアドレナリンの自己注射製剤であるエピペン®の投与とその後の医療機関への搬送を即時対応できるように保護者や医療機関との連絡体制を構築しておかなければならない。

　第Ⅵ部の冒頭で述べたように、我々や子どもを取り巻く環境は劇的に変化してきているとともに、食に関する情報も様々発信されている。またスマホのSNSを活用し、インスタ映え等を重視し、見栄えの良い食事に価値が高まる状況もこれから親となる若者を中心にみられる。このようにヘルスリテラシーとして食に関する情報リテラシーも今後必要となるスキルとして考えられるようになってきた。食品に関する情報の見分け方や子どもの食物アレルギーに関する情報の収集と医療機関の選択と利用、食育に関連した情報の収集も含め、広い視点に立ったヘルスリテラシーの形成が保護者や教育者だけでなく広く国民に望まれる。

引用・参考文献

厚生労働省（2017）「平成28年国民健康・栄養調査報告」厚生労働省

東京都福祉保健局（2006）「東京都幼児向け食事バランスガイド指導マニュアル」東京都福祉保健局. http://www.fukushihoken.metro.tokyo.jp/kensui/ei_syo/youzi.files/youjishidou_manual.pdf（最終閲覧日：2018年 8 月31日）

桧垣淳子（2018）幼児期の間食に関する現状と保護者の意識　月報　砂糖類・でん粉情報（農畜産業振興機構）, pp.55-69.

藤澤良知（2015）母と子の食生活・栄養の現状と問題点を探る　保育科学研究, 6, pp.102-111.

藤元恭子, 宮本賢作, 藤原章司, 山神眞一（2012）幼稚園児の朝食の実態に関する研究　小児保健研究, 71（4）, pp.547-551.

藤元恭子, 片岡元子（2017）幼稚園児における朝食摂取内容の実態に関する研究　香川大学教育実践総合研究, 34, pp. 1 - 8 .

■ 第2章　幼児期の休養・睡眠

1　幼児の睡眠状況の現状

　「寝る子は良く育つ」というように、旧来より睡眠時間が長いことが良好な成育成長に繋がると言われてきた。では長ければ長いほど良いのだろうか。幼児に適した睡眠時間について2016年にアメリカの医学誌「Journal of Clinical Sleep Medicine」で発表されたParuthiら（2016）の目安（昼寝時間を含む）では、1〜2歳は11〜14時間、3〜5歳は10〜13時間とされている。これに対し、奥村ら（2015）が「乳幼児の睡眠と発達」で引用したMindell（2010）らによる17か国（地域含む）の0〜3歳児の睡眠時間を比較した報告では、日本は11.6時間であり、目安の下限は超えているものの17か国中最下位であり、睡眠時間が最も長いニュージーランドの13.3時間と比較すると1.7時間もの開きがあった。睡眠時間には就寝時刻と起床時刻、さらには昼寝（午睡）時間が関連するが、就寝時刻については生活の夜型化に伴い遅延傾向が指摘されていて、上記Mindellの報告では、日本の就寝時刻は21時18分であり、最も早いフィンランドの19時27分と比較すると1時間51分も遅いことがわかる。しかし、日本以外のアジア諸国も就寝時刻は軒並み遅く、最下位の香港は22時17分で日本よりも更に1時間近く遅かった。これは睡眠環境と睡眠習慣の人種及び文化的背景の関連が指摘されているが、睡眠環境として「添い寝」型のアジアが子どもの就寝時刻を遅らせていることが窺える。添い寝が就寝時刻に及ぼす悪影響について三島（2015）はWEBナショジオにて、やはりMindellの報告を引用しながらアジアの添い寝率の高さと睡眠時間の短さの関連を指摘している。日本の添い寝率は70％で第1位ベトナム（83％）、第2位タイ（77％）、第3位インドネシア（73％）、第5位インド（71％）に次いで第6位であり、上位をアジア各国が独占していた。しかし、添い寝率第1位のベトナムは睡眠時

間では第4位に位置付けられていることから、更に細かく見たところ昼寝時間が3.7時間と17か国中で最も長いことがわかった。一方、日本の昼寝時間は2.2時間で最下位であった。この昼寝時間の短さも睡眠時間の最下位に影響を及ぼしていることが明らかである。三島は保育園・幼稚園での昼寝時間を確保することで結んでいる。

　また一方で、この昼寝については、不要とする見方もある。大井ら（2011）は、平成21年の「保育所保育指針」の改定により、午睡の記述が無くなったにも関わらず、依然として従前の昼寝の習慣が続けられていることを指摘し、昼寝が影響して夜の就寝時刻を遅らせる原因になっているのではないかと考えた。しかし、この大井による昼寝不要の考え方は4歳以降であり、上記のMindellの報告が1〜3歳であることに注意しなければならない。大井らが引用した2004年のアメリカの論文では、昼寝習慣は2歳児81%、3歳児57%、4歳児26%、5歳児15%、6歳児2%と、幼児期において劇的に減少していくことがわかる。そのことからも年中年長クラスにおいて昼寝不要論を提唱しているわけだが、大井らは調査から、昼寝を取らないのが一般的な幼稚園児と比較し、保育園児は就寝時刻が30分以上遅いことを明らかにし、原因としてやはり昼寝をあげていた。

　このように国際的な状況を鑑みながら、我が国の家庭での子どもとの接し方や睡眠のあり方、更には大人の夜型化が子どもの就寝時間の遅延と睡眠時間の減少に影響を及ぼしていることについて真剣に考えていかなければならない。

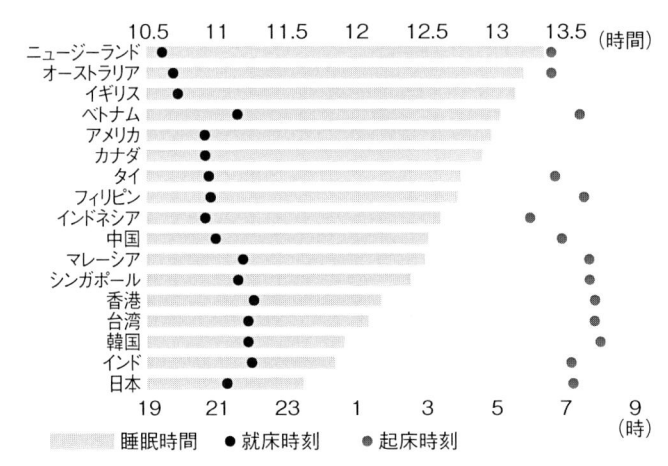

図1　乳幼児における睡眠時間（就床時刻と起床時刻）の国際比較（Mindellら
のデータから作成した奥村ら2015を改変）

　0歳〜6歳児を対象としたインターネットによる17カ国の調査（N＝29.287）。夜間の睡眠時間と午睡の時間を含めた総睡眠時間と就寝・起床時刻の比較。白人系の国々に対して、アジア系の国々で就寝時刻が遅く、総睡眠時間が短くなる傾向がある。日本は調査対象17カ国のうち、最も睡眠時間が短い。

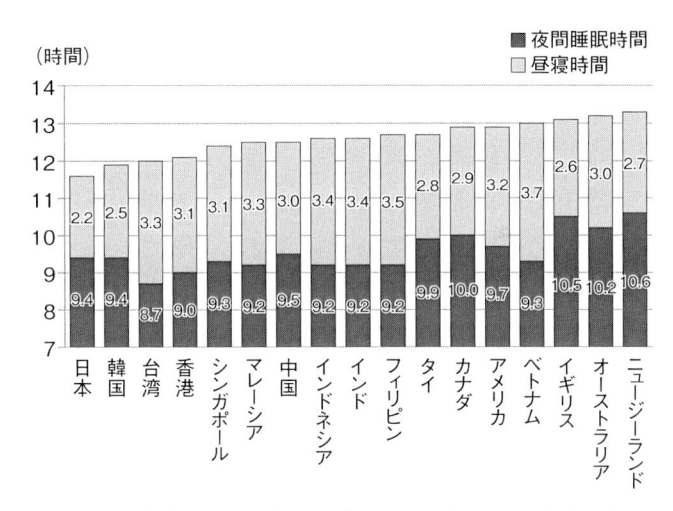

図2　3歳以下の乳幼児の睡眠時間（夜間睡眠時間と昼寝時間）の国際比較
（Mindellらのデータから作成した三島2015を改変）

2　幼児に望ましい休養と睡眠

　「休養」と似た言葉に「休息」がある。休養には疲労回復の意味が含まれており、休息は単に体を休めることである。その意味で、休息には積極的休養と消極的休養がある。特に精神的なストレスを発散する意味で、体を動かしてリフレッシュすることなどは積極的休養（アクティブレスト）と言う。一方で、睡眠や休息により身体の疲労回復に努めることを消極的休養と言う。幼児も保育園や幼稚園で集団生活を送る中で自覚せずにストレスを感じている場合もあることが予想される。休日で子どもと触れ合う時間を作り、親子で一緒に運動することが、子どもだけでなく親の積極的休養にも繋がることをしっかりと意識し、取り組んでいってもらいたい。

　また、望ましい睡眠であるが、よく睡眠の量と質という言葉を聞く。睡眠の量とは、睡眠時間を指し、睡眠の質とは睡眠の深さを指す場合が多い。個人的には深さも量的な指標としてみることができるので、安易になんでも「質」で片付けてしまうことには異論があるが仕方がない。睡眠の質について論じる前に、睡眠のメカニズムに触れる。日中はセロトニンという神経伝達物質の分泌により覚醒し、夜になるとメラトニンというホルモンにより睡眠に移行する。メラトニンが分泌されるためには日中にしっかりとセロトニンが分泌されている必要があることからこの両者は表裏一体の関係となっていることと、明るさによりその分泌が影響を受けることから、日中は明るい環境下で生活し、夜は暗い環境にする必要がある。つまり、寝るときは消灯することにより部屋を暗くし、朝太陽が昇ると起床するといった電気が発明される以前のようなリズムで睡眠をとることがより自然であると言える。また睡眠の質に関しては睡眠の深さと関連して、レム睡眠とノンレム睡眠がある。レムとは高速眼球運動のことであり、睡眠中も細かく眼球が動いていることからレム睡眠と呼び、夢を見るのはこのレム睡眠中であると言われている。

このレム睡眠とノンレム睡眠の割合が新生児では約50％ずつであるが、2〜3歳までにレム睡眠の割合が減少して25％程度に、3歳頃には成人同様にレム睡眠が20％、ノンレム睡眠が80％ということになる。成長ホルモンは4〜5歳頃に夜間前半の深睡眠期に集中するようになると言われている。一般的に22時頃から分泌量が増大するとされているため、21時頃には就寝していた方が望ましいと考えられている。子どもがその時間に就寝できるようにするためにも保護者の生活のあり方を見直さなければならない。

3　現代的課題に対応した睡眠のあり方について

　生活の夜型化を中心とした保護者の生活が子どもの睡眠を脅かしていることにまずは気づかなければならない。とはいえ、保護者が勤務終了後帰宅する時間が遅い現状（地域格差あり）において、そこから夕食の準備、夕食、そして入浴と身の回りのことを行っていると直ぐに21時を過ぎてしまう。また、コンビニエンスストアやファミレス等の24時間営業に伴って20時以降に子どもと外出する保護者の割合が増加していることも報告されており、21時には子どもを寝かせようとする知識と意識が備わっていなければ、そこから更に就寝時刻は遅延してしまう。スマホやゲーム機など幼児にとって魅力的なツールに子守をさせてしまっている保護者に対して日本小児科学会などが警鐘を鳴らしているが、特に遅い時間までこれらを利用することが就寝時刻と睡眠時間、更には翌日の午前の体調にも影響を及ぼすことが報告されている。七海はNHKの「視点・論点」で内閣府の報告（2017年5月）を引用し、乳幼児のスマホ利用率は、0歳で3％、1歳で6％、2歳になると31％に上昇し、4歳児では41％となっており、タブレット端末も2歳で17％、6歳児では31％となっているとした。早期からのスマホにはメリットもあるが、デメリットも指摘されている。特に睡眠との関連についてはデメリットが多

く報告されており、アメリカ小児学会では２歳〜５歳の利用は１日１時間以内に制限することを提言している。そのためにも保護者自身のスマホ利用について考える必要性が急務であろう。また平日と休日で起床時刻が異なる家庭も多く、土日に起床時刻が遅くなることで日曜日の晩から月曜日の朝にかけての睡眠に悪影響を及ぼしているとの報告もあることから、折角の休日であるので休息は必要であるが、休養の観点から次週の生活リズムを壊さないためにも休日の起床時刻は子どもと共に遅くならないように注意しなければならない。

　この第Ⅵ部では、幼児期の栄養と休養について見てきた。「早寝早起き朝ごはん」全国協議会が平成18年に設立され、食育基本法や食育推進計画等による食育の推進を後押しする、この３つの基本的生活習慣の確立があってこそ、学力や体力の向上に繋がるものである。「運動」と「栄養・食事」と「休養・睡眠」の３つの柱を意識した子どもの育成のために保護者と教育者が共に子どもファーストで考える姿勢と態度を自らの生活習慣の改善と共に見つめ直してもらいたい。

引用・参考文献

大井晴策，福田一彦（2011）幼児の昼寝と生活習慣について：保育園における昼寝のあり方を考える　日本家政学会誌，62（10）pp.677-679.

奥村明美，高貝就（2015）乳幼児の睡眠と発達　子どものこころと脳の発達，6（1），pp.16-22.

亀井雄一，岩垂喜貴（2012）子どもの睡眠（特集：睡眠と健康　国内外の最新の動向：エビデンスからアクションへ）　保健医療科学，6（1），pp.11-17.

七海陽（2017）「NHK解説委員室：「乳幼児期のスマホとの付き合い方」（視点・論点）2017年06月28日（水）」http://www.nhk.or.jp/kaisetsu-blog/400/274338.html（最終閲覧日：2018/8/31）

三島和夫（2015）「連載睡眠の都市伝説を斬る：第36回添い寝の功罪」，Webナショジオ．https://natgeo.nikkeibp.co.jp/nng/article/20140623/403964/（最終閲覧日：2018/10/21）

Paruthi S, Brooks LJ, D'Ambrosio C, Hall WA, Kotagal S, Lloyd RM, Malow BA, Maski K, Nichols C, Quan SF, Rosen CL, Troester MM, Wise MS.（2016）Recommended amount of sleep for pediatric populations: a consensus statement of the American Academy of Sleep Medicine. J Clin Sleep Med, 12（6）, pp.785-786.

Mindell JA, Sadeh A, Wiegand B, How TH, Goh DY.（2010）Cross-cultural differences in infant and toddler sleep. Sleep Med., 11（3）, pp.274-80.

おわりに

幼児期の運動遊びが子どもの未来を創る

　幼い頃、高松市の市街地で育った私は、家の前の道路や近所のお寺、商店の倉庫などが遊び場でした。近所の子どもたちがわいわいと集まっては、石蹴りや缶蹴り、ドッチボールやキャッチボールなどで外が暗くなるまで遊んでいました。豊かな自然に恵まれていたわけではありませんが、それでもお寺の境内で泥団子を作ったり、桜の花びらや銀杏の葉っぱを拾ったりしたことは今でも鮮明に覚えています。そこには、ゆったりと流れる時間と、子どもたちの遊びを許容してくれる空間があり、そして仲間がいました。

　現在、子どもたちを取り巻く環境は大きく変化しました。かつて、群れをなして遊んでいた子どもたちの姿を見かけることはなくなりました。道路や商店の倉庫で遊ぶことなど許されることではありません。遊具のある公園ですら、不審者対策など安全管理の面から、子どもたちだけで遊ぶことに対する不安が高まり、自由に遊べる場ではなくなっています。また、子どもたちは、園や学校から帰宅した後も習い事や塾などで忙しい日々を過ごしています。幼いときより、何でも早くできるようになること（成果）が求められる現在、子どもたちが時の経つのも忘れ夢中になって遊ぶことをなかなか容認してくれません。「時間」、「空間」、「仲間」、この三間の喪失が叫ばれて久しいのです。

　子どもを取り巻く環境が厳しい現代だからこそ、周りの大人は、子どもたちの運動遊びについて、真剣に考えていかなければならないと思います。

　子育てを通して、親は親として育ちます。手をつないで家の周りを散歩すること、布団に寝転がって「たかい、たかい」（「飛行機ブーン」

P.68）をすること、そんな簡単なことでいいのです。子どもと一緒に運動遊びを楽しむことで、子どもの記憶に残る温かな時間が生まれ、親の心とからだの健康増進にもつながるでしょう。

　また、園では、子どもたちが思い切りからだを動かして遊びこむことができる保育の実現をめざして全職員で環境を考え、整えていくことが、保育の質を高めることにつながります。

　本書で述べてきたように、幼児期の子どもたちが、心を揺り動かし、からだを思い切り動かして遊ぶことは大変重要です。子どもたちは身のまわりのものに思わずかかわり、周りの人の姿に誘われて自然にからだが動きます。からだを動かして遊ぶことの楽しさや心地よさは、子どもたちの生きるエネルギーとなります。そして、これから長い人生を自分の足でたくましく歩いていく基盤となるのです。

　子どもたちの輝く笑顔が未来に続いていくことを心から願っています。

2019年1月吉日

編著者

片　岡　元　子

執筆者紹介

■ 編著
山神　眞一（やまがみしんいち）
香川大学教育学部教授

片岡　元子（かたおかもとこ）
香川大学教育学部教授

■ 執筆者（執筆順）
山神　眞一（やまがみしんいち）第Ⅰ部第1章、第2章
香川大学教育学部教授

山西　達也（やまにしたつや）第Ⅰ部第3章、第4章
香川県教育委員会事務局保健体育課指導主事

片岡　元子（かたおかもとこ）第Ⅱ部
香川大学教育学部教授

安部　武矩（あべたけのり）第Ⅲ部第1章
NPO法人香川県運動推進協会理事長

澤　宜英（さわよしひで）第Ⅲ部第2章、第3章
香川大学非常勤講師

阿部　純也（あべじゅんや）第Ⅳ部
香川トレーナー協会理事長

神田　かなえ（かんだかなえ）第Ⅴ部
香川大学医学部助教

宮本　賢作（みやもとけんさく）第Ⅵ部
香川大学教育学部准教授

幼児期の運動遊びと子どもの育ち

2019年1月吉日　初　版第1刷発行
2019年4月19日　第2版第1刷発行
定価　1,300円＋税

編　　　集　山神 眞一　　片岡 元子

編集事務局　香川大学教育学部　山神研究室

発行・印刷　株式会社 美巧社
　　　　　　〒760－0063
　　　　　　香川県高松市多賀町1－8－10
　　　　　　TEL　087－833－5811

ISBN　978-4-86387-098-7 C3075